TEST & LEARN

Título original: *Test & Learn – La stratégie des entreprises agiles*

Test & Learn
1ª edição: Novembro 2023

Autor:
Adilson Borges

Tradução:
Hidson Guimarães

Preparação de texto:
Rafael Salvi

Revisão:
Daniela Georgeto
3GB Consulting

Projeto gráfico e capa:
Jéssica Wendy

DADOS INTERNACIONAIS DE CATALOGAÇÃO NA PUBLICAÇÃO (CIP)

Borges, Adilson
Test & learn : a estratégia das empresas ágeis / Adilson Borges ; tradução de Hidson Guimarães. — Porto Alegre : Citadel, 2023.
160 p. : il.

ISBN 978-65-5047-259-7
Título original: Test & Learn

1. Negócios 2. Desenvolvimento profissional I. Título II. Guimarães Hidson

23-5190 CDD 658.9

Angélica Ilacqua - Bibliotecária - CRB-8/7057

Produção editorial e distribuição:

contato@citadel.com.br
www.citadel.com.br

Adilson Borges

TEST & LEARN

A ESTRATÉGIA DAS EMPRESAS ÁGEIS

Tradução:
Hidson Guimarães

CITADEL
Grupo Editorial
2023

SUMÁRIO

PREFÁCIO

Lembremo-nos de quando começamos a andar de bicicleta. Naquela época, estávamos todos ansiosos para aprender e, mais precisamente, cometer erros, começar de novo, cair de novo, encantados por dar três voltas incertas e vacilantes na roda, e, de repente, estávamos disparando, exaltados com a sensação de velocidade... tínhamos conseguido!

Tínhamos então, sem o saber, o gosto por testar e aprender, por descobrir, tínhamos essa energia, essa agilidade, esse medo do desconhecido que gera tanta motivação e sede de novas aprendizagens, novos desafios e novas conquistas.

Com o tempo, esse espírito de aventura foi, para a maioria, embotado, enquadrado por nossos hábitos, pelo "o que fazer" e "o que não fazer", processos, controles, medo do risco... É certo que temos de colocar barreiras, limites, mas não fomos longe demais em nosso objetivo de controlar tudo em nossos negócios?

E, ainda, como liberar as energias com o medo do fracasso, a obsessão de dominar tudo, de saber tudo, e com o medo do julgamento?

Costuma-se dizer que nas nossas empresas falta espírito de iniciativa por parte das equipes, que não inovamos o suficiente, que falta agilidade. É um reconhecimento de impotência, algo de fracasso.

Mas, para contrariar isso, é preciso se soltar, dar mais liberdade, deixar que as equipes empreendam e, por fim, aceitar ficar um pouco sobrecarregado, começar por felicitar o risco, a iniciativa, mesmo antes de saber se deu certo, se chegou ao cabo com alguma novidade, mais volume de negócios, mais resultados. Isso coloca a questão da forma de gestão, da capacidade de não saber tudo, de não coordenar tudo.

Na minha experiência, agora enriquecida por mais de quinze anos à frente de empresas de comércio e distribuição, pude constatar como os constrangimentos limitam a tomada de iniciativas e a procura de novas ideias, sejam elas operacionais ou organizacionais. E como liberta o direito de errar. A possibilidade de testar novas abordagens nos permite ir mais longe, mais rápido e mais alto. Por exemplo, havia lançado a ideia de reformar nossas lojas com um custo menor, por meio de uma série de ações, que iam desde a troca do letreiro até uma simples pintura nos locais mais visíveis, deixando para as equipes operacionais o cuidado de implementar e escolher as lojas que seriam beneficiadas. Qual não foi minha surpresa ao descobrir, no final do ano, que muito mais lojas se beneficiaram com a abordagem do que imaginávamos inicialmente. Liberando as energias inconscientes, cada equipe partiu para a sua pequena ideia, procurando o mais imediato e visível para os nossos clientes, e passando pela realocação de recursos, pela finalidade de orçamento ou pelo material inusitado. Um grande *test and learn* para mim à época.

É fato que se trata de manter certo enquadramento, de manter o rumo, mas, em última análise, se estes forem claros para o maior número – tema que talvez convenha desenvolver em outra obra –, o risco é limitado, e os ganhos, substanciais, para uma organização que assim aprende a se autoeducar. Uma questão de confiança e desapego no fundo.

E é emocionante, como quando estávamos em nossa bicicleta tentando manter o equilíbrio no que parecia não querer ficar em pé.

É tudo isso e muito mais esse famoso *test and learn* que este livro oferece para você descobrir.

Stéphane Maquaire

CEO, Carrefour Brasil

INTRODUÇÃO

TEST & LEARN: UM MÉTODO E UM ESTADO DE ESPÍRITO DAS EMPRESAS REALMENTE ÁGEIS!

Um dos termos mais utilizados hoje nas organizações é "Test & Learn". Uma nova jornada do cliente? Test & Learn! Uma nova funcionalidade do seu website? Test & Learn! A inserção de mudanças em um treinamento bem fundamentado? Test & Learn! O lançamento de um novo produto? Test & Learn! Até mesmo o Ministério da Educação francês está adotando a abordagem do "Test & Learn" para melhorar a qualidade do ensino na França[1].

Por que todo esse interesse atual pelo Test & Learn? Em que sentido esse é um conceito novo? As empresas já não viviam fazendo testes e experimentando alternativas antes de lançar novos produtos ou serviços?

O conceito do Test & Learn é ainda bastante recente, e por isso mesmo reina certa confusão em torno dele. O que é exatamente o

1. Ver artigo "L'Education nationale: vers un mode Test & Learn". Disponível em: https://www.maddyness.com/2017/04/10/maddykeynote-acou-education-nationale/. Acesso em: 4 ago. 2020.

Test & Learn? Seria ele um estado de espírito – uma cultura do Test & Learn – que seria ligado ao digital e à transformação das organizações? Ou um método científico baseado na experimentação? Cada pessoa enxerga por suas próprias lentes e absorve esse conceito segundo a própria cultura profissional e as problemáticas em curso na sua empresa. Quer você seja da área de marketing, do design, da gestão de projetos, do digital, da sustentabilidade ou ainda dos recursos humanos, você terá, provavelmente, a sua própria definição do Test & Learn (daqui em diante usarei a abreviação T&L). Essa definição própria do T&L dará ênfase a aspectos específicos e terá aplicações específicas ligadas à realidade da sua área ou da sua organização.

A plasticidade do conceito é, na realidade, mais um sintoma do que um problema em si. Ela demonstra que o T&L é rico em promessas e ambições. O sucesso dessa expressão revela o quanto a abordagem é frutífera para organizações de qualquer natureza, em especial para as mais tradicionais. Se todos dizem que querem trabalhar em modo "T&L", é porque sentem que esse modo de funcionamento representa uma mudança cultural preponderante, que responde às exigências de um mundo VICA (volátil, incerto, complexo e ambíguo) – como nos mostrou recentemente a crise sanitária da covid-19. A abordagem T&L representa uma ruptura significativa na forma de conceber a empresa e sua atuação, e é por isso que muitas vezes é difícil de ser compreendida e delicada de ser implementada. Ela desafia práticas arraigadas, reflexos habituais, silos e estruturas de poder estabelecidas.

Quando o planejamento centralizado e de longo prazo precisa ser deixado de lado, quando o engajamento e a colaboração dos colaboradores se tornam fatores-chave para a resiliência das organizações diante dos desafios, quando a tecnologia possibilita a obtenção de dados valiosos a custo baixo, favorecendo uma tomada de decisão mais sensata e menos tendenciosa, e quando a velocidade de adaptação se torna crucial para as empresas, é aí que o T&L se destaca como uma abordagem facilitadora de transformações e impulsiona uma cultura de aprendizagem e agilidade para as organizações.

Mas não vamos nos adiantar – um passo de cada vez...

EM BUSCA DO SUSHI PERFEITO

O Sushi dos Sonhos de Jiro é um documentário que foi lançado em 2011. Conta a história de um senhor japonês que faz massagens de 45 minutos nos polvos que compra no mercado, idolatra Joël Robuchon e, à noite, sonha com sushi. O filme descreve a entrega total de Jiro à sua arte – a arte do sushi. Há mais de 50 anos, 365 dias por ano, ele acorda às 5h todas as manhãs e volta para casa às 22h. Seus dias são devotados à busca do sushi perfeito em seu minúsculo restaurante com uma dezena de mesas situado em uma estação de metrô. Mesmo sendo tipicamente japonesa, essa história retrata uma busca universal do ser humano – a busca da excelência. É um amor pelo trabalho que preenche e dá sentido a toda uma vida, além de ser também uma filosofia da excelência, fruto do esforço contínuo e do aprendizado gerado pela repetição infinita de gestos.

Que relação há entre a arte do sushi e o Test & Learn? Similar ao sushi para Jiro, o T&L para as empresas é uma prática que tem como finalidade se aproximar um pouco mais da excelência a cada dia por meio de uma sequência de aprendizados. É uma tensão, uma busca permanente que, por definição, jamais é atingida completamente. Ela requer rigor, obstinação e uma metodologia precisa a fim de gerar aprendizados sucessivos. O T&L enraíza na cultura da empresa um desejo coletivo de buscar a melhoria contínua, um anseio para encontrar novas alternativas, a atenção aos detalhes na execução e a vontade de partilhar os conhecimentos adquiridos.

PROCURA-SE DESESPERADAMENTE O TEST & LEARN

Quando comecei a preparar este livro, consultei um grande número de líderes de organizações com funções e níveis de responsabilidade diversos. Perguntei a essas lideranças que definição tinham para Test & Learn e como o aplicavam em suas organizações. Recebi uma grande variedade de respostas, todas abordando aspectos diferentes e únicos do T&L. Apresento a seguir para você, leitor, algumas das tipologias mais frequentes do T&L que consolidei:

Consensual

"O T&L é um processo de **aprendizagem** para **experimentar** de maneira **ágil**, a fim de produzir a **melhoria contínua** em um mundo **complexo** e **acelerado**."

Tecnológico

"Processo de inovação que permite testar novas tecnologias com os **usuários finais** para, a partir daí, retirar **ensinamentos**: decidir ir mais longe ou parar por aí."

Metodológico

"Método iterativo, em coconstrução, que promove a melhoria contínua e que se baseia no direito ao erro."

Experimental

"Abordagem de **experimentação iterativa** para limitar os riscos ou ir mais **rápido** diante da complexidade: começar **pequeno** para construir maior, começar **difuso** para construir com mais precisão, começar por meio de múltiplas iniciativas para isolar as boas práticas."

Crítico

"Há uma grande **confusão** entre fazer **rapidamente** e fazer o verdadeiro T&L. Não basta fazer algo rapidamente para **aprender** esse algo."

Filosófico

"Alcançar a excelência pelo método dos **pequenos passos**."

Criativo

"O T&L leva a uma mudança de postura, ou à produção de posturas diferentes, desenvolvendo dessa forma a **criatividade**."

Transformacional

"O T&L permite **transformar** empresas dotadas de uma forte cultura de engenheiros, onde tudo tem que ser **perfeito**. É passar de uma cultura da expertise a uma cultura da experimentação."

O TEST & LEARN É COMPOSTO DE VÁRIAS CAMADAS, COMO UMA CEBOLA

Que lição tirar da nossa pesquisa qualitativa? Ela não foi em vão, pois nos permitiu fazer o levantamento de algumas características recorrentes e transversais do T&L, que são apresentadas na figura a seguir.

Figura 0.1 - Características recorrentes e transversais do T&L

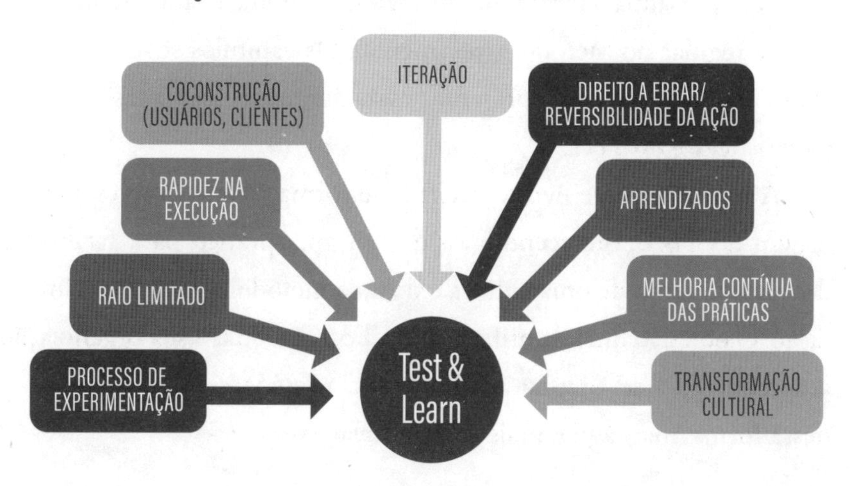

Podemos agora tentar amalgamar esses tijolos na seguinte definição:

O **Test & Learn** é um processo de experimentação operado em um assunto ou em um perímetro inicialmente limitado e frequentemente conduzido em coconstrução com clientes (internos ou externos). Ele possibilita obter rapidamente informações para aperfeiçoar ou corrigir uma ação por meio de iterações sucessivas para então generalizá-la. Ele produz aprendizados que, uma vez difundidos na organização, favorecem a melhoria contínua das práticas profissionais. A implantação dessa abordagem pode conduzir a uma transformação cultural da organização.

Dessa forma, o T&L tem todos os aspectos *de uma cebola*. São várias camadas que vão se revelando uma após a outra. Temos aí um estado de espírito individual e coletivo de *learning* (ou aprendizado) mantido por uma cultura organizacional obtida e alimentada pela prática regular do método experimental. Os capítulos seguintes terão como objetivo principal apresentar essas diferentes "camadas" – ou características – do T&L.

A intenção deste livro é decifrar de forma clara e simples a abordagem do T&L, oferecendo, assim, um guia prático para facilitar o desenvolvimento de uma cultura e de uma metodologia de experimentação. O objetivo final da utilização do T&L é ajudar a sua organização a aprender e a se adaptar melhor e mais rapidamente, tornando-se, dessa forma, mais ágil e mais competitiva.

PARTE I

O T&L COMO UMA VERDADEIRA CULTURA ORGANIZACIONAL

CAPÍTULO 1

AS ORIGENS DO TEST & LEARN

"O Test & Learn é o motor do crescimento e do sucesso das organizações exponenciais que nascem no Vale do Silício. Por sua combinação de potência e simplicidade, ele pode ser uma vantagem competitiva para toda empresa que souber colocá-lo em prática."

Brice Challamel, Vice President Digital Empowerment, Moderna

O Prêmio "Nobel" de Economia[2] 2019, concedido a Esther Duflo, Abhijit Banerjee e Michael Kremer, do MIT, pelo trabalho sobre a luta contra a pobreza, colocou os holofotes sobre os métodos experimentais, em particular o *método experimental clínico*, para medir o impacto de determinadas intervenções no auxílio ao desenvolvimento dos países pobres. Esses trabalhos realçam o interesse em desmembrar um grande problema global (a luta contra a pobreza) em uma série de questões relacionadas de menor dimensão, como educação, saúde etc., que contribuem para a solução do problema global. O princípio dos experimentos clínicos – também conhecidos pelo nome de *estudos experimentais randomizados* – consiste em selecionar aleatoriamente dois grupos em uma população homogênea. O primeiro grupo recebe uma intervenção (medicamento, subsídio,

2. Prêmio do Banco da Suécia em Ciências Econômicas, em memória de Alfredo Nobel.

treinamento etc.); o segundo, um placebo, uma intervenção diferente ou, simplesmente, não recebe nada (chamado grupo de controle); depois de certo período, os dois grupos são comparados a fim de avaliar a eficácia da intervenção ou contrastar os efeitos. Esse método, desenvolvido no final do século 19 nas ciências biológicas e na medicina, e em seguida nas ciências sociais (psicologia e marketing, por exemplo), foi então utilizado na avaliação de políticas públicas em áreas como educação, criminalidade, tributação, entre outras, sobretudo nos Estados Unidos.

Atualmente, a experimentação tem prosperado nas empresas. Desde então, é preciso *experimentar* antes de generalizar. Se é certo que os testes e experimentos sempre existiram nas organizações, com a ascensão das tecnologias digitais eles receberam um novo impulso nas empresas, e passaram a integrar uma nova abordagem organizacional chamada "T&L".

Há pouca literatura acadêmica dedicada ao T&L, e a definição do conceito permanece bastante imprecisa. A noção atual do T&L parece resultar de certa quantidade de ajustamentos, deslocamentos ou associações conceituais e semânticas. Ela mantém estreitas relações com a *cultura digital* e com a agilidade, mas também sustenta a noção das *organizações que aprendem.* Vamos começar por sua origem.

NA ORIGEM, UM MODELO PARA A INOVAÇÃO

É no MIT Lab que se observam os primórdios do que se tornaria o T&L. Fundado em 1985 por Nicholas Negroponte e Jerry Wiesner, o MIT Media Lab (Massachusetts Institute of Technology, Cambridge, EUA) conduz pesquisas nas quais várias disciplinas se cruzam e se encontram: tecnologia, cultura, engenharia, arte, informática, ciências cognitivas... Essa mesma época viu nascer o Mac OS (1984) e o Microsoft

Windows (1985). No final dos anos 1980, desenvolvem-se as primeiras pesquisas sobre o *design* de interação e as interfaces homem-máquina a partir de prototipagens interativas (ou *demos*) – o slogan do Lab na época mostra bem esse propósito: "Demo or Die!". Esses protótipos são concebidos para serem testados e aperfeiçoados durante múltiplas fases de interação com usuários reais (ou futuros clientes), como forma de otimizar as chances de que uma tecnologia inovadora seja adotada e se transforme em aplicações práticas e com potencial de mercado. Essa prática se desenvolve rapidamente com a chegada da internet. Hoje em dia, os princípios do *design thinking* e da atenção dada à experiência do usuário (*User Experience* – UX) são elementos-chave do processo de prototipagem e estão disseminados por todas as organizações – mesmo que nem sempre sejam implementados de forma correta.

UM MÉTODO DE GESTÃO DE PROJETOS DE TI E DIGITAIS

Paralelamente, a gestão de projetos de desenvolvimento em TI se transforma. Na época o desenvolvimento era muitas vezes lento e caro, e as funcionalidades criadas se mostram desanimadoras ou não correspondem às expectativas dos patrocinadores.

A abordagem tradicional da gestão de projetos de TI se baseia em uma planificação extrema. O cliente formula um detalhamento de suas necessidades antecipadamente: a especificação de requisitos compreende todas as funcionalidades solicitadas, e é anexada ao contrato. Os desenvolvedores se apropriam da especificação de requisitos, buscam atendê-la razoavelmente e trabalham independentemente e de forma isolada. A realização dura o tempo que for necessário, e termina com o visto do cliente. Essa abordagem produz um "efeito de túnel": constatam-se várias vezes diferenças significativas entre a necessidade inicial e o aplicativo produzido na linha de chegada. Certas funcionalidades requisitadas inicialmente se mostram inviáveis à utilização, enquanto outras, descobertas no meio do caminho, poderiam ter incorporado maior valor ao produto. A relação com o cliente se torna tensa e passa a ser norteada pelo contrato, com sua carga de conflitos jurídicos. Resultado: os projetos de TI são muitas vezes interrompidos pelo caminho, ou são concluídos à custa de um estouro considerável de prazo e orçamento, e sem necessariamente oferecer as funcionalidades esperadas.

Em 2001, a Aliança Ágil publica seu Manifesto Ágil[3]. Seus dezessete signatários se definem como "anarquistas organizacionais" e buscam assinalar uma ruptura em relação às abordagens sequenciais tradicionais (ciclo em V ou em cascata) de desenvolvimento por meio de quatro pontos-chave que resumem sua filosofia revolucionária.

Manifesto Ágil

- Indivíduos e interações mais que processos e ferramentas
- *Software* em funcionamento mais que documentação abrangente
- Colaboração com o cliente mais que negociação de contratos
- Responder a mudanças mais que seguir um plano

Fonte: *Manifeste pour le développement Agile de logiciels* (2001).

3. Disponível em: https://agilemanifesto.org/iso/fr/manifesto.html.

O método ágil propõe o envolvimento do cliente do início ao fim do processo. Ele desmembra os projetos em pequenos blocos ou módulos e os entrega em ciclos curtos (os *sprints*), que duram no máximo algumas semanas, para que o cliente possa *testá-los* e medir a sua eficácia. Dessa forma, o cliente pode ir refinando suas demandas de acordo com os resultados. O feedback permanente se torna a regra, possibilitando melhorias significativas a cada etapa do processo. A equipe de desenvolvedores trabalha de maneira mais colaborativa; as boas ideias são integradas, e as ideias ruins são descartadas (*learn*); definitivamente, a qualidade do produto melhora para atender às necessidades reais do cliente (necessidades que ele próprio por vezes ignora, descobrindo-as ao longo do projeto) e não ao que diz a especificação de requisitos.

Ainda que o T&L não seja mencionado explicitamente no Manifesto Ágil, ele deriva da ideia de RAD, ou *Rapid Application Development* (Desenvolvimento Rápido de Aplicações). Trata-se aí de adotar um novo ciclo de desenvolvimento de projetos que seja *iterativo*, *incremental* e *adaptativo*.

- Ser "iterativo" implica recomeçar o ciclo por diversas vezes a fim de aperfeiçoar o produto.
- "Incremental" se refere à ideia de adicionar recursos conforme as necessidades e possibilidades vão sendo descobertas.
- "Adaptativo" remete à possibilidade de aceitar modificações em todas as etapas do projeto, mesmo nas mais tardias do processo.

Em suma, a gestão de projeto *ágil* se opõe à planificação demasiada (sem abrir mão de certo grau de planejamento), à rigidez e à ultraespecificação.

Figura 1.1 - Gestão de projeto: comparação entre o método "em cascata" e o método ágil

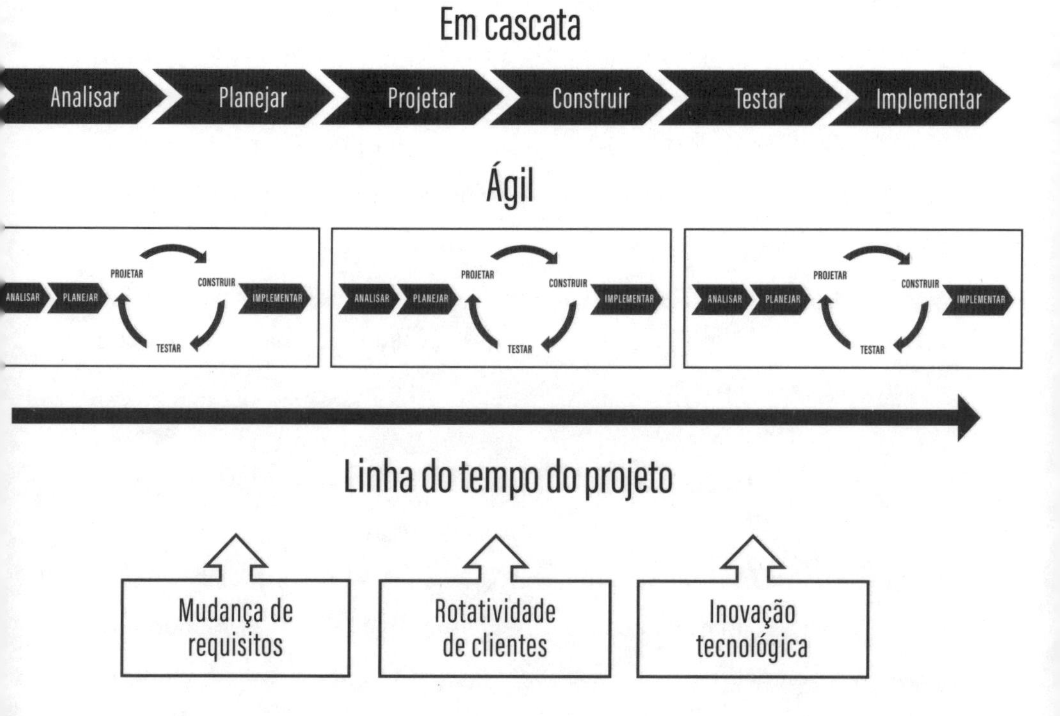

A gestão de projetos ágil passa então a se difundir progressivamente nas empresas tradicionais e a ser aplicada a outros projetos além da tecnologia da informação e do digital. Contudo, a passagem do mundo virtual ao mundo físico – por exemplo, na indústria – demandará diversas adaptações aos métodos ágeis. No mundo físico, o progresso incremental não consiste necessariamente em acrescentar novas funcionalidades a um projeto, mas principalmente em integrar ao longo do tempo diferentes componentes ou subcomponentes de um produto ou de um serviço para agregar valor. Como as partes interessadas e as áreas organizacionais envolvidas em um projeto físico são normalmente muito mais variadas, e com uma cultura mais heterogênea do que a cultura de uma equipe de desenvolvedores, os projetos físicos tornam as questões do uso de uma linguagem comum e da cooperação consideravelmente mais complexas. Enfim, no mundo físico, os imperativos de segurança de um grande número de produtos tornam inconcebível a entrega de subconjuntos "mais ou menos bons". Como diz de forma bem-humorada um consultor especializado nos métodos ágeis fora da área de TI: "Para quem projeta um avião, é complicado entender que serão entregues vários pedaços desse avião com graus variáveis de acabamento. No espírito dos projetistas aeronáuticos, um avião voa ou não voa. Você jamais entregará meio avião"[4]. Em suma, no mundo físico, a noção de T&L será, em um primeiro momento, mais difícil de se entender e de se aplicar.

O MODELO ESTRATÉGICO DAS STARTUPS

Uma primeira transferência do conceito de T&L acontece naturalmente ao passar do modelo de desenvolvimento de software ao modelo de desenvolvimento estratégico das empresas emergentes do mundo digital, as startups.

No universo das startups, a ideia estratégica dominante é que quem chega primeiro tem toda a chance de construir uma vantagem competitiva decisiva, ou mesmo de ganhar a totalidade do mercado ("*winner takes all*", o vencedor leva tudo). Por consequência, o "*time to market*" se torna um fator decisivo. Nessa lógica, parece totalmente contraprodutivo ter como objetivo almejar um produto, serviço ou mesmo um modelo de negócios perfeito "de primeira". Nesse aspecto, temos aí, de alguma forma, o oposto dos métodos de *Gestão da Qualidade Total* (ou *Lean*) tão difundidos na produção industrial.

Para as startups, ser bom logo de primeira não é um objetivo. Seria até mesmo contraprodutivo, pois esse desejo poderia impedir você

---

4. Disponível em: https://www.methodesagiles.info/. Acesso em: 30 out. 2019.

de progredir rapidamente e de se adaptar. Encarar a crítica, os bugs, até mesmo os fracassos, ser capaz de virar seu modelo econômico de ponta-cabeça, ou seja, modificar um pressuposto fundamental, todos esses elementos fazem parte integrante do modelo de funcionamento das startups, como demonstra a famosa citação de Reid Hoffman, fundador do LinkedIn: "*If you're not embarrassed by the first version of your product, you've launched it too late*"[5]. E funciona, contrariando todas as expectativas! Atualmente, um grande número de empresas *digital natives* figura na lista das companhias mais inovadoras, mais ricas e mais lucrativas do mundo.

O princípio norteador das startups é agir de maneira *rápida* muito mais do que *perfeita.* Um projeto mal-amarrado vale mais do que um projeto trabalhado durante anos que chega tarde demais para estruturar o mercado. As startups lançam produtos incompletos (versões beta ou MVP, *minimum viable product*) de maneira rápida e fragmentada, colocando-os à prova sob condições reais para aperfeiçoá-los com o feedback dos clientes (coconstrução). As empresas tiram lições dessas tentativas (testes) e ao mesmo tempo corrigem os erros, aprendendo ainda a não os repetir no futuro (*learn*).

Três ideias são essenciais ao T&L: a *rapidez* de inserção no mercado, a *coconstrução* com clientes e usuários e o *direito de errar e aprender com os erros* (*fail and learn*). O *fail and learn* das startups dá origem a uma verdadeira exaltação das virtudes do fracasso. De tabu, ele passa a ser tendência: não se fracassa mais, aprende-se com os erros que se tornam o molde dos futuros sucessos. Em toda parte, divulga-se a trajetória de Steve Jobs, demitido da Apple antes de retornar e salvá-la; ou de Jack

5. Se você não sente vergonha da primeira versão de seu produto, é porque demorou demais para lançá-lo.

Ma, fundador do Alibaba, reprovado no ensino médio, em Harvard e até em uma seleção para trabalhar na KFC – ao menos é o que diz a lenda.

Esse estado de espírito introduz uma ruptura conceitual considerável no âmbito das empresas tradicionais.

DO MODELO DE STARTUP À ORGANIZAÇÃO QUE APRENDE

Por muito tempo, a eficácia de uma empresa tradicional foi baseada em procedimentos de rotina, modos de operação padronizados, alguma redundância nas funções e certa previsibilidade e estabilidade dos fluxos de sinais e de informação que tornavam essa empresa tradicional resiliente.

Mas, desde que o ambiente se tornou instável e muito volátil, que novos concorrentes surgiram trazendo inovações e modelos econômicos em ruptura com o passado e em um ritmo extremamente rápido, aquilo que representava a força das antigas organizações se torna, em parte, um obstáculo ao seu bom desempenho. O ciclo análise-planejamento-implementação, que era reconfortante, se torna paralisante. E, no entanto, todo o sistema de gestão de empresas é construído com base nesse modelo, desde o planejamento de médio prazo e os processos orçamentários até o *comando e controle* em cascata que governa a execução das atividades nas organizações tradicionais. O que fazer, então?

A resposta é "simples". É necessário introduzir os métodos das startups nas empresas e apostar na agilidade, na fluidez, na flexibilidade; em uma palavra, é preciso se ***transformar***. A inovação e a capacidade de reação se transformam em *propulsores* de primeiro plano, o que torna necessário repensar porções inteiras da cultura e organização empresariais. Em particular, torna-se fundamental lutar contra o excesso de estabilidade, ou mesmo o imobilismo, abalar os modelos mentais e desmantelar o medo do fracasso que leva à planificação em excesso e ao alongamento dos prazos. Muito pelo contrário, é preciso reinserir nas organizações a audácia e a iniciativa. Essa transformação tem que abalar as operações piramidais e desmontar os silos das organizações tradicionais.

É assim que se produz a segunda transferência do conceito de T&L. De filosofia da inovação rápida no mundo digital, o T&L se converte em um *lema* ou um mantra: uma expressão colhida para designar a transformação cultural e organizacional, que deve se tornar ágil e voltada para o aprendizado (*learning organization*). A partir daí, tudo na organização deverá ser feito no modo T&L, desde uma alteração de interface web até a formação dos novos líderes da empresa.

O conceito de organização que aprende não é, porém, tão recente. Surgiu no mundo anglo-saxão nos anos 1990 como alternativa ao modelo neotayloriano. Seus princípios foram desenvolvidos no livro de Peter Senge *A quinta disciplina*[6]. E repousa na hipótese de que uma organização extrai sua eficácia da capacidade de combinar e reorganizar seus recursos e competências e de criar novos recursos, tirando partido de seu ecossistema da melhor maneira possível. A organização que aprende visa ao desenvolvimento de competências individuais e coletivas, mas seu objetivo é capitalizar e propagar rapidamente o aprendizado obtido para tornar a estratégia da empresa bem-sucedida[7].

O caráter amplo e geral dos princípios de Senge explica, sem dúvida, seu sucesso e sua perenidade. Mas, como constata David Garvin já em 1993, em um artigo da *Harvard Business Review* célebre até os dias atuais[8], esses princípios são muito pouco operacionais. É por isso

6. Peter Senge, *La Cinquième discipline, l'art et la manière des organisations qui apprennent*, First Editions, 1990.

7. Ver, também, F. Petitbon, J. Bastianutti, M. Montaner, *Upskilling, Les 10 règles d'or des entreprises qui apprennent vite*, Dunod, 2020.

8. David A. Garvin, "Building a Learning Organization", *Harvard Business Review*, julho-agosto 1993.

que, muito antes de a expressão T&L se tornar popular, Garvin se dedica a definir modos de atividades capazes de produzir na prática os processos de aprendizagem pesquisados pelas organizações, identificando os cinco principais:

Implementar a empresa voltada para o aprendizado

1. *Utilizar métodos confiáveis de resolução de problemas* em grupo: Garvin insiste na importância de se basear nos dados, nos métodos estatísticos e na precisão em lugar da intuição ou de inferências imaginárias;
2. *Experimentar*: lançar um projeto, fazer uma experiência-piloto etc. são oportunidades de testar e medir para aprender;
3. *Tirar lições das experiências anteriores*: reservar tempo para documentar e fazer um balanço tanto dos sucessos quanto dos fracassos anteriores – "Aqueles que não conhecem o passado estão condenados a repeti-lo";
4. *Aprender com os outros*: clientes, parceiros, fornecedores etc.;
5. *Transferir o conhecimento*: este é um ponto crucial. É necessário deixar uma base dos conhecimentos úteis à disposição daqueles que necessitam.

Fonte: Garvin (1993).

A concepção de Garvin é bem próxima ao T&L como o definimos neste livro: um método rigoroso de experimentação no qual a repetição conduz progressivamente a aprendizagens transferíveis. Essa concepção também não está assim tão distante da filosofia do *Kaizen*, ou seja, dos princípios de resolução de problemas e melhoria contínua no âmbito de uma autêntica gestão *Lean*. Quando uma organização cria as condições para que cada um, em seu nível, possa praticar o (bom) T&L, ela provavelmente se torna uma organização que aprende.

Por outro lado, nos distanciamos radicalmente do T&L apresentado como um vasto "caos" criativo com vista a cobrir com uma palavra da moda qualquer improvisação malfeita sob o pretexto da rapidez. Para uma empresa, praticar o T&L não consiste em "sair experimentando coisas", mas em criar as condições necessárias (condições organizacionais, segurança psicológica, acesso aos métodos) para que os colaboradores se sintam autorizados a buscar soluções novas e testá-las rapidamente, para inovar de forma eficaz.

CAPÍTULO 2

O T&L, UMA CULTURA DE EXPERIMENTAÇÃO

"O Test & Learn nos permite melhorar constantemente e assim criar valor de maneira contínua para nossos clientes."

Carlos Mauad, CEO Magalu Bank

O T&L é, essencialmente, um método experimental que se apoia nos testes clínicos (ou estudos clínicos randomizados controlados) cujo objetivo principal é testar uma ou mais hipóteses em um perímetro reduzido (*test*) para retirar os ensinamentos desse experimento (*learn*), corrigir ou revisar rapidamente a proposição (*incremental e adaptativo*) e, em seguida, eventualmente retestá-la (*iterativo*) antes de generalizar a solução, caso o experimento seja considerado positivo, ou abandoná-la, se ele for negativo. Mas quais são os fatores principais que transformam essa abordagem em uma cultura organizacional?

"DE VERDADE"

Os estudos de mercado tradicionais (*focus group*, pesquisa qualitativa ou quantitativa) acontecem *antes* do lançamento da nova solução. Eles visam essencialmente reduzir o risco da organização na elaboração e no lançamento de novos produtos ou serviços. Os estudos de mercado trazem informações que permitem avaliar a probabilidade de sucesso dessa inovação no mercado. O T&L, por sua vez, não se limita a perguntar às pessoas o que elas *acham* de uma nova ideia ou de um novo produto. Em um processo de T&L, a solução que se deseja testar é *realmente* posta em prática em um perímetro *restrito* ("de verdade", como diriam as crianças), e os resultados dessa solução são *medidos* por meio de um conjunto de indicadores previamente definidos. A finalidade, porém, continua sendo a redução do risco e o aperfeiçoamento do produto/solução, mas de forma mais rápida e interativa.

A princípio, o T&L pode ser usado em um grande número de tópicos: mudar a interface de um website, modificar a jornada do cliente, lançar um novo aplicativo para o celular ou um novo design do produto, alterar o preço de venda de um serviço, introduzir um novo treinamento para as equipes, modificar a gôndola de produtos em um varejista, implantar o trabalho remoto para as equipes, ou mesmo mudar a estrutura organizacional de uma empresa. Inovações em todos esses tópicos podem ser tratadas com uma abordagem T&L.

A DEMOCRATIZAÇÃO DO T&L: O CUSTO DO ACESSO AOS DADOS

Se os processos de T&L se tornaram tão populares nas atividades digitais (em especial no marketing digital e no comércio eletrônico), é porque as barreiras de entrada em termos de custos para criar os protótipos e realizar os testes foi reduzida de forma significativa. Em contrapartida, esse não é sempre o caso no mundo físico, em que o processo de T&L vai requerer a produção física e antecipada de um "piloto" ou de um protótipo a ser testado: protótipo de um produto, uma nova maneira de dispor os produtos na gôndola, um novo mobiliário de uma butique, um treinamento-piloto, um episódio-piloto de uma série de televisão etc.

De maneira geral, antes da era digital, o custo dos testes "de verdade" era considerado muito elevado, e os riscos de imagem ligados ao cancelamento de uma oferta eram julgados como extremamente nocivos. Os estudos de mercado eram conduzidos exatamente para se evitar fazer (testar) "de verdade" quando não se dispunha de garantias suficientes do sucesso da iniciativa.

Apenas nas indústrias criativas, em que cada "produto" representava um protótipo único, é que aconteciam os testes "de verdade". Por exemplo, no sistema hollywoodiano, desde muito tempo os filmes gravados pelos estúdios eram submetidos a *screen tests* diante de uma audiência restrita, escolhida de forma mais ou menos aleatória, para testar diferentes versões do filme. A reação do público que respondia ao questionário na saída da projeção podia levar à revisão da montagem (para reduzir o tempo do filme, ou dotá-lo de mais dinamismo e suspense, ou ainda para aumentar ou diminuir o tempo de participação de um personagem específico). Em casos extremos, podia-se pensar até em regravar algumas cenas do início ou do final, mas era inconcebível, claro, regravar todo o filme novamente. Esse é, aliás, um dos fatores que explicam a febre atual das séries que permitem testar um "piloto" antes de gravar uma "temporada" e que testam com uma temporada o interesse em lançar a próxima, com um grau de precisão na definição do público do teste extremamente sofisticado, graças aos dados coletados pelos serviços de streaming, como a Netflix.

A transformação digital permite, portanto, uma democratização ampla do T&L que era totalmente impensável há alguns anos. O T&L se apoia de forma efetiva nas possibilidades oferecidas pela transformação digital, tanto para "prototipar" soluções novas para públicos-alvo específicos e identificados graças aos dados armazenados previamente, quanto para analisar os resultados de maneira rápida e muito mais eficaz. Além disso, à medida que as atividades "físicas" se tornam "figitais"[9], a quantidade de dados disponíveis que podem ser utilizados aumenta consideravelmente, permitindo uma tomada de decisões menos tendenciosa e mais eficaz. Isso permite às organizações aprender com as ações e os testes anteriores, principalmente em função da utilização massiva dos dados obtidos e medidos durante os testes, que tornam os projetos facilmente comparáveis por meio de critérios claros e bem definidos.

A partir da virada dos anos 2000, o *Teste A/B*, que representa a forma mais básica de estudo randomizado controlado, torna-se um recurso-chave utilizado no desenvolvimento de sites de internet, do comércio eletrônico e, a partir daí, em todo tipo de aplicativos de software para comparar duas versões de uma solução e ver qual delas funcionará melhor. Atualmente, Microsoft, Amazon, Facebook, Google, Booking, entre muitas outras, conduzem dezenas de milhares de testes a cada ano. Outras grandes empresas fora do âmbito de tecnologia (ou tradicionais) também conduzem esses testes, ainda que muitas vezes em menor escala. São muitas as empresas que descobriram que os testes "se pagam" rapidamente. Por exemplo, o motor de busca da Microsoft, Bing, colocou em prática o T&L e verificou que pequenas melhorias testadas e efetuadas todos os meses no site aumentam, acumuladamente, as receitas associadas às buscas de 10% a 25% ao ano[10].

---

9. Figital é a contração de físico e digital. O termo descreve, aqui, atividades que têm lugar no mundo físico, mas também produzem dados no mundo digital. Por exemplo, quando alguém utiliza um aplicativo para mensurar os resultados de seu treino de corrida (como distância ou tempo do percurso), está realizando uma atividade no mundo físico que deixa traços no mundo digital.

10. Ron Kohavi e Stefan Thomke, "The Surprising Power of Online Experiments. Getting the most out of A/B and other controlled tests", *Harvard Business Review*, setembro-outubro 2017.

Alguns exemplos de testes A/B bem conhecidos[11]

2000: engenheiros do Google realizam um teste para determinar o número ideal de resultados a serem exibidos em uma página após uma pesquisa. A resposta, 10 resultados, permaneceu praticamente constante desde então.

2009: um empregado da Microsoft desenvolve um novo tipo de link que abre automaticamente uma nova guia quando um usuário clica no link do Hotmail na página MSN. Um teste conduzido com 900.000 usuários no Reino Unido mostra que a taxa de engajamento dos usuários, medida pelo número de cliques na página MSN, aumentou 8,9% graças a esse procedimento.

Atualmente, tornou-se muito mais fácil construir amostras densas o bastante para que possamos aplicar testes estatísticos confiáveis, atingir um alvo bem preciso, obter respostas rápidas a um experimento e analisar os resultados com ferramentas ultrapoderosas.

SERÁ QUE TUDO PODE SER TESTADO?

É realmente possível testar tudo em uma organização? Em um famoso artigo[12], o pesquisador Thomas H. Davenport oferece o exemplo da sociedade americana Capital One, emissora de cartões de crédito. Essa empresa era conhecida por ter desenvolvido uma estratégia de experimentos levada ao extremo desde 1988, ou seja, muito antes das possibilidades abertas

11. Disponível em: https://www.convertize.com/ab-testing/.

12. Thomas H. Davenport, "How to Design Smart Business Experiments", *Harvard Business Review*, fevereiro 2009.

pelo digital, para capturar e explorar *dados*. Seu presidente, Rich Fairbank, enxergava o negócio de cartões de crédito como um laboratório científico onde absolutamente toda decisão incidente sobre o design do produto, os canais de distribuição, a venda cruzada, o nível de crédito, podia ser documentada em testes aplicados a milhares de clientes. Afinal, as operações efetuadas via cartão de crédito produziam dados em abundância.

Ainda assim, mesmo na Capital One, uma das decisões estratégicas mais estruturantes da empresa – comprar uma rede de bancos regionais e mudar o modelo de negócios da empresa para se tornar um banco – não pôde ser testada. Não era possível conceber um teste científico que permitisse prever o resultado de uma decisão dessa natureza.

É mais provável que os experimentos funcionem e sejam eficazes quando são aplicados em assuntos operacionais, ligados a uma lógica de melhoria contínua. Para retomar a formulação de Davenport, *o teste pode abordar a execução da estratégia, e não a sua formulação.* A decisão de lançar uma nova *newsletter* para os clientes ou aperfeiçoar o conteúdo e a forma dessa mesma *newsletter* pode ser objeto de T&L. Por outro lado, a aquisição de uma empresa ou a venda de uma divisão de negócios a fim de realocar os recursos em uma outra empresa constituem decisões que dificilmente poderiam ser objeto de um teste. A raridade do número de ocorrências do objeto a ser observado torna o T&L pouco operacional nessas situações. A comparação com outra aquisição de mesma natureza não ofereceria uma base de controle suficiente para testar a pertinência dessa decisão de maneira eficaz.

Se é bem verdade que nem tudo pode ser testado, a maioria das ações da vida cotidiana de uma organização pode se beneficiar de uma abordagem T&L. Não se deve, porém, testar pelo mero prazer de testar, ainda mais porque um teste sempre envolve o uso de recursos e de energia da organização. É inútil reinventar a roda conduzindo testes sobre hipóteses que já estão bem documentadas em outras fontes.

Os testes são aconselhados sempre que exista uma dúvida legítima sobre a pertinência de uma hipótese. Por exemplo, não há nenhuma necessidade em testar que a redução de preços produzirá um aumento nas vendas. Em contrapartida, pode ser interessante testar diferentes hipóteses de redução de preço para determinar qual delas produzirá o melhor resultado em termos de impacto sobre a demanda de um produto específico. Ainda assim, até mesmo algumas hipóteses que parecem óbvias à primeira vista produzem muitas vezes resultados contraintuitivos e surpreendentes ao serem testadas na prática.

Foi esse o caso de um produtor de champanhes. O champanhe é considerado artigo de luxo. Nessa categoria de produto, uma alternativa por um preço mais baixo produziria um aumento nas vendas? Esse produtor resolveu testar essa hipótese por meio de um T&L em alguns clientes de diversos países europeus. A experiência permitiu mostrar que em certos países (por exemplo, Alemanha) a redução no preço provocava aumento efetivo de demanda, ao passo que em outros (por exemplo, Itália) a redução de preço levava a uma redução da demanda, visto que o preço era considerado um indicador da qualidade e um instrumento de escolha nesse país. Resumindo: nem tudo merece ser testado, mas testes podem produzir ensinamentos muito úteis. Tudo dependerá, enfim, da maneira de definir e delimitar o problema de negócio que será testado, como explicaremos no Capítulo 5.

A BUSCA DE UM MEIO-TERMO ENTRE RIGOR E RAPIDEZ

O princípio do T&L é a rapidez na execução, com ciclos de aprendizagem rápidos que permitem avançar de forma ágil e com maior convicção. No entanto, para produzir aprendizado útil, um teste deve ser conduzido com rigor e seguindo uma metodologia científica, como detalharemos na parte II deste livro. Um número excessivo de empresas, mesmo as grandes, continua conduzindo testes de maneira superficial e arriscada, interpretando simples correlações como causalidades e tomando decisões que não são baseadas nos fatos no fim das contas. Construir e implementar um teste confiável, analisar e interpretar os resultados representa um processo que toma tempo. Como encontrar desde já um meio-termo justo entre "ir rápido" e "fazer bem-feito"?

É bem verdade que não se deve impor restrições administrativas ou procedimentos intermináveis que pesariam demais na elaboração e na execução dos testes, e que assim desmotivariam os colaboradores que gostariam de participar do T&L. Para dotar o teste de certa simplicidade de implementação, é aconselhável, por exemplo, não multiplicar os parâmetros a testar. Testes com múltiplas variáveis seriam, obviamente, mais complexos de se produzir e analisar, ainda que, em teoria, permitissem testar vários fatores "ao mesmo tempo".

Há dois métodos principais de testes que permitem testar múltiplas variáveis: o método *sequencial* e o método *multivariado*[13]. Suponhamos que você deseje testar várias características do botão "Comprar" para otimizar a sua taxa de conversão[14]. Você quer testar o tamanho de um botão, mas também a cor e a fonte (por exemplo, Arial *ou* Times). Como você aprendeu que, para assegurar a confiabilidade de um teste, não se deve multiplicar os seus parâmetros, você vai começar testando o tamanho do botão, depois a cor e, em seguida, a fonte, de forma sequencial – ou seja, um teste depois do outro. Você pode também multiplicar o número de variações a serem testadas de apenas um des-

---

13. Ver Amy Gallo, "A Refresher on A/B Testing", *Harvard Business Review*, junho 28, 2017.

14. A taxa de conversão de um website se refere, na maioria das vezes, à razão ([compradores/visitantes]*100) que fornece a porcentagem dos visitantes que efetuaram uma compra durante a visita de um site ou em certo período após a visita (conversão tardia). Se o site tiver outra finalidade além da venda, a conversão dirá respeito a outra ação monitorada (assinatura, preenchimento de um formulário etc.).

ses parâmetros (botão vermelho, azul, verde, laranja etc.) por diversos grupos de usuários. Nesse caso, você passaria de um teste A/B para um teste A/B/C/D, mas sem mudar fundamentalmente a lógica do experimento. Mas você pode também resolver cruzar os parâmetros e exibir combinações distintas a diferentes grupos de usuários: um botão grande vermelho, um botão pequeno vermelho, um botão grande azul, um botão pequeno azul. Quanto mais parâmetros você adicionar, como a fonte, por exemplo, maiores serão seus grupos de testes, e mais complexa será a análise do seu teste. De fato, esses testes multivariados (MVT) precisam de competências em análises estatísticas bem significativas. Uma das vantagens dos testes multivariados é que eles permitem testar o que acontece quando os parâmetros interagem entre si. Por exemplo, em média, os visitantes preferem o botão azul, mas preferem o vermelho quando ele é pequeno e usa a fonte Arial. Ora, em um teste A/B sequencial, você não teria condições de captar essas interações. Além do mais, você tenderia a cristalizar a solução obtida no primeiro teste (a preferência pelo botão azul) quando passar para o segundo teste (o tamanho do botão). Independentemente das vantagens dos testes multivariados, se você não dispõe de um forte conhecimento estatístico ou não tem o apoio de um exército de *data scientists*, é mais interessante elaborar um teste do tipo A/B (dois fatores), pois assim você provavelmente vai ganhar tempo e confiança nas análises.

A pressa pode ser um problema também no T&L. Um dos erros aos quais ela pode conduzir é o de não esperar o final do teste e tirar, talvez, conclusões precipitadas. Como na era digital muitos testes fornecem resultados quase em tempo real, pode ser tentador para a empresa passar imediatamente para as conclusões e não deixar o teste "correr" por tempo suficiente, já que os resultados seguintes poderiam modificar consideravelmente os resultados iniciais do teste. Da mesma maneira, muitas vezes o imperativo da rapidez faz com que se contente com os resultados de um primeiro teste – sobretudo quando ele é positivo e vem reforçar crenças iniciais dos gestores – e não se renovem os testes. Entretanto, algumas vezes pode acontecer de um segundo teste pôr em xeque os resultados iniciais. Tendo em vista que o ser humano em geral, e os gestores nas empresas de uma forma particular, não gosta muito de resultados contraditórios, ele costuma ter receio de refazer testes para confirmar sua validade.

No desenvolvimento de novos produtos, existem métodos de testagem, como a *prototipagem rápida*[15], que não cabem nos estudos randomizados controlados do tipo de teste A/B, mas que podem permitir acelerar a produção de um protótipo e refinar as opções por meio do contato direto com o cliente. Nesse caso, a construção e o teste do protótipo acontecem de maneira quase concomitante. O protótipo poderá, então, ser testado no âmbito de um protocolo T&L. Por exemplo, durante a elaboração de uma aplicação destinada a um mercado premium, as equipes de projeto se posicionam na saída de uma Apple Store (clientela próxima de seu público-alvo) e mostram o protótipo do produto que estão desenvolvendo para poder captar as primeiras impressões dos clientes. Essas equipes estão munidas com câmeras GoPro, que transmitem em tempo real as reações dos clientes usando o protótipo diretamente para as equipes de design e UX (*user experience*) na sede da organização. As equipes de design então passam a fazer os ajustes no protótipo: mudam imagens, ajustam layouts e fazem o upload de uma nova versão do protótipo para mostrar ao cliente em tempo real. Os clientes entrevistados ficam o tempo todo vendo e avaliando a versão mais recente da solução. No final de um dia de trabalho, diversos protótipos foram mostrados diretamente a clientes potenciais,

---

15. Tom Chi é, sem dúvida, quem mais popularizou esse procedimento, e o leitor que quiser se aprofundar no assunto pode consultar seu site em: https://www.prototypethinking.live/.

e as equipes de design produziram centenas de versões que foram ajustadas e melhoradas em função do feedback direto dado pelo cliente, permitindo, dessa forma, construir uma proposta mais refinada da nova solução. Essa nova proposta poderá ser testada mais tarde por um método T&L mais tradicional e completo usando um experimento.

CONFIANÇA NOS RESULTADOS DOS TESTES

Um fator necessário e raramente mencionado do T&L é a confiança que os gestores e as equipes terão nos resultados dos testes, pois somente se eles confiarem nos resultados é que os utilizarão para tomar as melhores decisões. Na verdade, isso pode parecer simples, mas não tem nada de óbvio. A natureza humana é tal que temos a tendência a dar crédito aos resultados que reforçam as nossas crenças, e a pôr em dúvida ou questionar aqueles que contradizem nossas intuições. Em outras palavras, eu tendo a confiar em uma metodologia duvidosa se ela chegar a resultados de acordo com as minhas expectativas, e a questionar uma metodologia rigorosa, ou mesmo duvidar de certas conclusões de um teste que não estiverem alinhadas aos meus interesses (ainda mais se for uma análise complexa que eu não entenda). Pois os testes servem exatamente para tratar as intuições de forma objetiva. Mas essa objetividade pode abalar a posição de poder dos especialistas nas organizações. E é por essa razão que muitas vezes os resultados dos testes nem sempre são bem recebidos na organização.

Em 2013 o Bing, motor de busca da Microsoft, conduziu um experimento sobre a variação nas cores dos títulos e subtítulos exibidos em uma página de resultados após uma pesquisa[16]. Ainda que as variações de

---

16. Exemplo mencionado em Ron Kohavi e Stefan Thomke, "The Surprising Power of Online Experiments. Getting the most out of A/B and other controlled tests", *Harvard Business Review*, setembro-outubro 2017.

cores testadas fossem bem sutis (azuis e verdes ligeiramente mais escuras para os títulos, e um tom de preto puxando para o cinza nos subtítulos), os resultados dessas mudanças se mostraram incrivelmente positivos para os usuários. A busca do usuário era mais bem-sucedida do que anteriormente e em um tempo mais curto. De tão espetaculares, os resultados foram acolhidos com enorme ceticismo, principalmente pelas populações especialistas em design a quem a Microsoft confiava até então a criação gráfica e a escolha de cores utilizadas no site. Por causa dessa falta de confiança nos resultados, as equipes da Microsoft decidiram refazer o teste em uma amostra imensamente maior – dessa vez com mais de 32 milhões de usuários do Bing, e os resultados foram... exatamente os mesmos. Segundo a Microsoft, a implementação dessa solução permitiu à empresa gerar mais de 10 milhões de dólares complementares por ano.

Mesmo tendo lucrado com esse teste, a empresa é até hoje incapaz de explicar qual a razão desses resultados. Há realmente uma correlação entre as alterações nas cores propostas e a melhora das buscas dos usuários no site, mas não existe nenhuma teoria capaz de explicar essa relação, e por isso não sabemos qual mecanismo causal produz esse efeito. Nesse sentido, o T&L é realmente a escola da humildade e do pragmatismo.

Aliás, essa diferença entre correlação e causalidade não deve jamais ser perdida de vista, pois nos convida a manter um espírito crítico em relação aos testes. É até conveniente partir de uma correlação e inferir que se trata de uma causalidade, mas isso é falso de um ponto de vista lógico. Por diversas vezes, ao dar esse "salto" um tanto precipitado é que se incorre nos maiores erros na interpretação dos testes, ainda mais quando não existe um grupo de controle (ver Parte II, Capítulo 5).

A diferença entre correlação e causalidade pode ser facilmente compreendida no exemplo a seguir[17]: em 1747, o doutor James Lind, cirurgião da Marinha Real Britânica, resolveu se dedicar ao problema do escorbuto, que afetava muito a população dos marinheiros. Ele decidiu experimentar seis tipos de medicamentos para saber qual deles poderia ser o mais eficaz para lutar contra o escorbuto. Durante uma viagem pelo mar, distribuiu laranjas e limões a um grupo de marinheiros, e produtos como vinagres a um outro grupo. A experiência mostrou que os marinheiros que menos sofreram de escorbuto foram os que consumiram os limões e as laranjas, mas ninguém sabia explicar por quê. Foi estabelecida, é claro, uma correlação entre o consumo de cítricos e a diminuição do escorbuto, mas a causalidade (o mecanismo pelo qual o efeito é produzido) permaneceu desconhecida. Somente cinquenta anos mais tarde foi identificada a contribuição da vitamina C contra o escorbuto. O próprio Lind supôs que fosse a acidez dos legumes o que provocava o efeito benéfico. Ele decidiu aquecer o suco, de maneira a criar uma bebida concentrada que fosse menos perecível e mais fácil de ser transportada em navio, mas, dessa forma, destruiu a vitamina C. Se Lind tivesse feito um experimento com grupo de controle entre marinheiros consumindo o suco aquecido e marinheiros consumindo as frutas *in natura*, a luta contra o escorbuto teria ganhado cinquenta anos.

É evidente que uma empresa nem sempre precisa entender o mecanismo causal subjacente aos resultados dos testes que realiza, mas a confiança que poderia obter desses resultados e a capacidade de convencer as partes interessadas de sua legitimidade seriam bem maiores se ela os compreendesse.

---

17. Exemplo mencionado em Ron Kohavi e Stefan Thomke, "The Surprising Power of Online Experiments. Getting the most out of A/B and other controlled tests", *Harvard Business Review*, setembro-outubro 2017.

CAPÍTULO 3

CRIANDO UMA CULTURA DO TEST & LEARN NA SUA ORGANIZAÇÃO

"Fail, Learn and Succeed é a raiz da nossa cultura Test & Learn!"

Remi Guyot, Chief Product Officer BlaBlaCar

O T&L é, ao mesmo tempo, uma metodologia e uma cultura organizacional.

Mesmo supondo que as técnicas e metodologias do T&L fossem perfeitamente dominadas dentro da empresa, ainda assim os colaboradores teriam uma dificuldade muito grande de colocar em aplicação essa abordagem de experimentação sem que houvesse uma cultura organizacional propícia ao T&L. É um pouco como o jardineiro que planta suas flores com as melhores ferramentas, mas não dispõe do clima nem do terreno adequado: as flores não conseguirão crescer nesse ambiente.

Este capítulo identifica cinco fatores-chave necessários ao desenvolvimento de uma cultura do T&L nas organizações.

Em primeiro lugar, um ambiente organizacional favorável ao surgimento de iniciativas. Assim como o jardineiro protege suas flores dos predadores ou das intempéries, as organizações devem ser capazes de criar condições que permitam a tomada de iniciativa. De fato, é pouco provável que colaboradores apreensivos quanto à ideia de tomar a iniciativa e sair da zona de conforto para assumir riscos se lancem realmente no T&L. Esse ambiente favorável à tomada de riscos calculados pelos colaboradores recebe frequentemente o nome de "segurança psicológica".

Em segundo lugar, a criatividade e a curiosidade das pessoas são os motores do T&L. Se o solo do jardim está sempre composto pela mesma terra, sem adubo externo, ele se empobrece, e termina não produzindo novas flores. Da mesma forma, uma cultura T&L precisa ser alimentada com mentes abertas que promovam a capacidade de encarar os problemas sob um novo olhar, o que, por sua vez, facilita a inovação. As novas ideias que nascem da curiosidade de cada um, e a troca e o confronto de ideias novas que surgem na organização, são como adubo para as flores do nosso jardim T&L.

Em terceiro, um apetite pela inovação. O jardineiro precisa ter vontade de criar novos arranjos e plantar novas mudas combinando e recombinando os saberes que detém. Caso contrário, não haverá nada a se experimentar.

Em quarto, para desenvolver uma cultura do T&L, é preciso ser capaz de reconhecer e celebrar as iniciativas, independentemente dos resultados que elas produzem. Por um lado, tal postura permite valorizar as equipes que tomam iniciativa. Mas ela é fundamental, sobretudo para enraizar a cultura do T&L no longo prazo, facilitando, dessa forma, que os aprendizados obtidos nos experimentos sejam compartilhados por toda a organização. O reconhecimento é a água que irriga o conjunto de sementes de T&L para que o jardim da empresa como um todo possa florescer.

Enfim, o T&L se baseia em uma cultura de *dados* e da gestão baseada em evidências. Inovações tecnológicas, como o *cloud computing*, e o uso massivo de ferramentas digitais reduziram consideravelmente o custo de acesso aos dados, abrindo, assim, grandes oportunidades para as empresas gerarem vantagens competitivas. Porém, ainda falta ter uma cultura de governança, de qualidade e do uso dos dados da organização, o que não está claro particularmente no caso das empresas tradicionais, não tecnológicas. Fala-se muito em "alfabetização de dados", o que não é nada mais do que o nível de competência da organização no que diz respeito à produção e utilização dos dados para resolver problemas e tomar as melhores decisões no âmbito da empresa. A essa cultura de dados deve corresponder uma tomada de decisão baseada em fatos e evidências, em vez de uma cultura de tomada de decisão baseada em poder hierárquico ou intuição. Essa atitude representa, frequentemente, uma pequena revolução em várias organizações.

CONFIANÇA E SEGURANÇA PSICOLÓGICA

Se 94% dos franceses acreditam que "sempre aprendem com os fracassos"[18], 75% consideram que as pessoas que vivem um fracasso "são desvalorizadas na imensa maioria das vezes"[19]. Esses números são uma consolidação em nível nacional, mas refletem bem o que se passa nas empresas. Infelizmente, ainda é algo muito comum que líderes afirmem apoiar colaboradores que tentem algo novo, mas punam pessoas ou equipes que tentaram, mas não obtiveram – pelo menos não ainda –, os resultados esperados.

Na verdade, a confiança e a segurança psicológica são a base de todo aprendizado: para aprender, é necessário poder errar em um ambiente seguro, que permita tirar lições do erro e que ofereça a motivação para tentar de novo. A segurança psicológica é um conceito com-

18. Pesquisa Ipsos Public Affairs, 2013.
19. Pesquisa Ipsos, 2014.

plexo que não pretendemos abordar aqui em todas as suas dimensões. Entretanto, é importante afirmar que o medo é o maior inimigo da iniciativa e do aprendizado, seja para um estudante na escola, seja para um colaborador diante da sua hierarquia[20].

Para romper com esses receios e incentivar a tomada de iniciativa, é cada vez mais difundida nas organizações a ideia de que é preciso dar aos colaboradores o "direito de errar". Mesmo que ela nasça de boas intenções, essa afirmação pode se mostrar contraprodutiva, sendo mal interpretada por alguns ou totalmente desacreditada por outros (e, pelo menos parcialmente, com razão!). Ora, a ambiguidade dificilmente é propícia à instituição de um ambiente favorável a iniciativas e colaborações.

Portanto, parece-me necessário deixar explícita a intenção inicial que governa o uso da expressão "o direito de errar". Esse conceito remete à ideia de incitar os colaboradores a tomar a iniciativa. Em um contexto no qual o ambiente se torna complexo demais para ser dirigido de maneira centralizada, a gerência *empodera* (no sentido de dar o poder) os colaboradores para que estes se tornem agentes da mudança e da inovação a serviço do cliente. Tomar a iniciativa passa, necessariamente, por assumir riscos: o risco de fracassar na iniciativa ou, no mínimo, de não obter os resultados que essa iniciativa ambicionava alcançar. Seguindo uma lógica simples: se o colaborador tem medo de ser punido em caso de insucesso, não vai tomar iniciativa nenhuma. Foi para reduzir esse problema que surgiu o "direito de errar". A ideia da expressão é destravar um grande freio à tomada de riscos, indicando ao colaborador que não haverá punições se a iniciativa não for coroada de sucesso, ou mesmo se a ideia não for muito boa ou bem adaptada. O direito de errar seria então

---

20. Amy Edmondson, *The Fearless Organization: Creating Psychological Safety in the Workplace for Learning, Innovation, and Growth*, Wiley, 2018.

o pilar adequado ao sustento desse ambiente de segurança psicológica, permitindo aos colaboradores que passem à ação.

Os riscos do "direito de errar"

Essa expressão pode, no entanto, gerar interpretações ambíguas tanto da parte dos líderes quanto da parte dos colaboradores da organização, produzindo impactos negativos em termos de comportamento esperado.

Em primeiro lugar, alguns dirigentes podem ter receio de que o direito de errar seja interpretado potencialmente pelas equipes como uma autorização implícita, ou talvez mesmo um incentivo, a reduzir os padrões de qualidade e o respeito aos procedimentos, ou mesmo um incentivo à adoção de comportamentos imprudentes ou de risco. Esse receio é bastante compreensível quando olhamos a definição da palavra "erro" no dicionário: "ação cometida por um engano, falta de consideração, defeito de julgamento ou de avaliação" (Larousse, 2020). O emprego dessa expressão pode então produzir um efeito exatamente contrário ao que se buscava: o líder, assustado com essa perspectiva e duvidoso do senso de responsabilidade de seus funcionários, restringe o seu apoio ao processo de empoderamento e autonomização das equipes, e recomenda aos seus superiores o retorno a métodos mais autoritários do tipo "comando e controle".

Em segundo lugar, supondo que a liderança seja perfeitamente consciente e sincera em sua proposição do direito de errar, seria ilusão acreditar que essa proposição será *performativa*, ou seja, que ela produzirá por si mesma o efeito esperado com os colaboradores. Estes podem considerar a mensagem como vaga ou hipócrita, o que certamente não produzirá nenhuma transformação de comportamentos no sentido esperado.

Recomendamos fortemente, portanto, deixar explícito o que se entende por "direito de errar" e, ainda, ilustrar com exemplos concretos, permitindo que os colaboradores imaginem claramente as consequências potenciais que poderiam decorrer dos "erros" de suas iniciativas. Também seria muito importante entender as consequências desses erros para a organização e os colaboradores, explicando claramente a maneira como os erros serão tratados em cada ocasião. Essa passagem para o concreto é a base da construção de um ambiente reconfortante em um plano cognitivo e afetivo, sem o qual o "direito de errar" se torna apenas uma promessa ambígua, vazia de conteúdo e de sentido.

Do "direito de errar" ao "dever de testar"

Tendo em vista as ambiguidades e divergências interpretativas que a expressão "direito de errar" pode produzir, seria bem oportuno substituí-la por outra que seja mais clara e que esteja em maior sintonia com a intenção final almejada. Nós propomos que ela seja substituída pela expressão "dever de testar". Se o objetivo da primeira expressão é, como o entendemos, incentivar os colaboradores a tomar iniciativas, então a segunda expressão tem o mérito de conciliar dois objetivos fundamentais que constituem a base de uma cultura T&L: um ambiente seguro que facilita e apoia a tomada de iniciativa, assim como a compreensão e gestão da noção de risco pela organização. Esses são elementos realmente centrais da cultura do T&L. O "dever de testar" insiste na necessidade (*o dever*) de realizar testes antes de tomar uma decisão: reduzir os riscos ou, dito de outra forma, reforçar a relevância da decisão é a finalidade mesmo dos testes. E, ao mesmo tempo, a empresa mostra que está inserida em uma lógica de busca por novas propostas e novas ideias... a serem testadas. O dever de testar representa de maneira clara a necessidade de melhorar e inovar de forma permanente na organização.

Vamos usar um exemplo concreto para mostrar a diferença entre as duas abordagens (direito de errar *vs.* dever de testar). Um novo diretor de marketing, recém-recrutado pela empresa, decide melhorar a legibilidade do site. Para realizar esse objetivo, ele modifica profundamente a arquitetura da página inicial com a sua equipe. Alguns dias depois, o número de visitantes únicos do site diminui de forma significativa. Quando o seu superior hierárquico descobre o que aconteceu e visita o novo site, fica furioso e acusa o novo diretor de incompetência e de irresponsabilidade. O novo diretor se defende, alegando justamente que leu na documentação de boas-vindas da empresa que ela valoriza as iniciativas e o direito de errar, e foi exatamente por esse motivo que ele decidiu vir trabalhar nessa organização. Ele pensou, portanto, de forma legítima, que era importante mostrar rapidamente que estava tomando novas iniciativas e, nesse caso, melhorando o site antiquado da empresa. Ele também assumiu que não era necessário consultar seu superior para realizar essas mudanças, já que a rapidez é outro elemento-chave apresentado por essa organização. Esse caso reflete uma oportunidade única para o líder reforçar uma cultura T&L, que facilita a tomada de risco e a inovação. Para isso, o líder deveria deixar claro a todos o que se deve entender por espírito de iniciativa e direito de errar.

Partindo da mesma situação, ele poderia se acalmar e mesmo parabenizar o novo recruta por ter diagnosticado rapidamente que o site precisava de uma revisão urgente e toda a atenção da empresa. Em seguida, ele esclarece que, obviamente, não haverá nenhuma sanção à equipe que trabalhou na reforma do site, mas que temos que aproveitar para aprender com isso. Dessa forma, ele destaca que nenhuma iniciativa pode ser tomada sem um teste prévio da ideia ou da solução que se pretende adotar. No caso em questão, a equipe deveria ter aberto primeiro o novo site apenas a uma pequena parcela da base de clientes e comparado os resultados com os do site "tradicional", ou seja, deveria ter feito um teste. Somente em função dos resultados desse teste o site poderia ir ao ar para todos os clientes. Em outras palavras, não há um "direito de errar" possível sem que antes tenha sido posto em ação o "dever de testar". O diretor de marketing poderia, legitimamente, não ter tido sucesso com a primeira mudança do site, mas deveria pelo menos ter tomado todas as precauções para minimizar os riscos assumidos pela organização. Ou seja, ele deveria ter testado a primeira versão do site proposto. O direito de errar se torna, assim, mera consequência do dever de testar.

Esse exemplo não é totalmente fictício. Em uma versão muito mais brutal, Jeff Bezos demitiu uma equipe inteira de web designers que haviam implantado modificações no site da Amazon sem antes testá-las. É muito provável que esse método não seja o mais eficaz para criar a segurança psicológica favorável à tomada de iniciativa, mas ele envia uma mensagem muito clara e límpida sobre o dever de testar na empresa, contribuindo, dessa forma, para a criação de uma cultura T&L. O mais importante é que as regras do jogo sejam explicadas de forma clara e compreendidas por todos, garantindo a difusão de uma cultura T&L para toda a organização.

Criatividade e curiosidade, pilares do T&L

A criatividade e a curiosidade são o adubo que enriquece o solo da organização, facilitando, assim, o desenvolvimento de uma cultura do T&L.

Para propor novas ideias e lançar um novo olhar sobre problemas por vezes antigos, as equipes precisam ser abertas e curiosas, o que cria um estado de espírito favorável à inovação. Parece estar cada vez mais consolidada a noção de que a criatividade impacta positivamente os resultados financeiros das empresas: segundo um estudo da McKinsey[21], 67% das empresas mais criativas têm crescimento superior ao de seus mercados, e 70% delas produzem valor para seus acionistas superior à média do mercado. Três fatores favorecem o desenvolvimento de equipes criativas e curiosas: a mentalidade de crescimento (ou *growth mindset*), a capacidade de levar em conta múltiplas perspectivas e a diversidade no seio das equipes.

O estado de espírito de crescimento

Diversas pesquisas relatam o interesse das pessoas em cultivar um estado de espírito de crescimento (*growth mindset*) nos âmbitos pessoal e organizacional. Um estudo[22] sugere mesmo que os colaboradores que trabalham em empresas com um *estado de espírito de crescimento* têm maior confiança na própria empresa do que aqueles que trabalham em organizações que não têm essa mentalidade. Essas empresas também demonstram maior apoio à tomada de riscos e à inovação aos seus funcionários.

As empresas com *estado de espírito de crescimento* se opõem àquelas com *estado de espírito fixo*, também chamadas de "cultura do gênio": nessas organizações, os talentos são extremamente valorizados, mas a crença dominante em relação aos talentos e competências é que "ou você os tem, ou você não os tem. Ponto final". Em contrapartida,

---

21. McKinsey Digital, "Creativity's bottom line: How winning companies turn creativity into business value and growth", 16 junho, 2017. Disponível em: https://www.mckinsey.com/business-functions/mckinsey-digital/our-insights/creativitys-bottom-line-how-winning-companies-turn-creativity-into-business-value-and-growth.

22. "Why fostering a growth mindset in organizations matters", Senn-Delaney Leadership Consulting Group, Los Angeles, 2014. Disponível em: http://knowledge.senndelaney.com/docs/thought_papers/pdf/stanford_agilitystudy_hart.pdf.

nas organizações que valorizam o desenvolvimento (*growth mindset*), considera-se que as pessoas têm a capacidade de aprender de forma contínua, desenvolver-se e renovar-se (como as flores em nosso jardim); as competências de um ser humano não são fixas, mas dependem unicamente do esforço que ele concorda em investir para desenvolvê-las. O conhecimento não é um estoque, mas sim um fluxo, e é fundamentalmente mais importante aumentar o fluxo do que partir de um estoque inicial substancial.

Segundo essa abordagem, um excesso de conhecimento inicial pode ser visto mesmo como um inimigo potencial do aprendizado. Quando supomos que detemos um saber, temos tendência a proteger esse conhecimento, que nos garante um status e alimenta o nosso ego. Escutamos menos e questionamos pouco os nossos conhecimentos já adquiridos. Como diz o CEO da Microsoft, temos que mudar a nossa atitude passando de uma postura de "sabe-tudo" (*knowing it all*) a uma lógica de aprendizado (*learning it all*). É essa a base do *estado de espírito de crescimento*. Como já dizia minha avó, temos duas orelhas e uma boca, para ouvirmos duas vezes mais do que falamos. Fazer perguntas é uma das características essenciais da curiosidade, pois permite mergulhar e realmente entender as percepções e opiniões dos outros, o que enriquece o nosso ponto de vista e as ideias que propomos.

De maneira geral, a curiosidade e a criatividade nos convidam a evitar todas as soluções binárias: verdadeiro ou falso, bem ou mal, preto ou branco. As atitudes binárias não só esvaziam toda a complexidade que caracteriza a nossa época, mas também levam as discussões a girar em torno de uma lógica da dominação: convencer ou se sujeitar, perder ou ganhar etc. Quando, por outro lado, uma equipe percebe a complexidade do que está em jogo, cada participante em um debate tem maior tendência a escutar os diferentes pontos de vista e a explorá-los ao invés de tentar impor o seu próprio – e necessariamente limitado – ponto de vista. Quando um líder evoca desde o início da apresentação o caráter complexo do assunto abordado, ele enquadra o debate logo de cara, reduzindo o risco de que cada um dos participantes tente rapidamente se contentar com uma solução "simples e óbvia". Agindo assim, ele convida a todos a entrarem com profundidade na escuta e na análise.

Outra prática recomendada para sair de uma lógica binária consiste em pedir a uma pessoa da equipe para fazer o papel de "Nespresso Men" durante uma reunião. Esse nome remete às campanhas publicitárias da Nespresso com George Clooney, que traziam a assinatura "Nespresso, What else?". A pessoa que assume o papel do Nespresso Men durante a reunião é aquela que pergunta incessantemente "O que mais?" (*What else?*). Quando a equipe converge rápido demais em direção a uma solução resultante de um raciocínio binário, essa pessoa prolonga a discussão com perguntas abertas: "Em vez de nos fecharmos e nos concentrarmos desde já nas opções A ou B, quais seriam as demais alternativas possíveis?". Isso permite não se contentar com uma discussão pobre e superficial e motivar cada um a ser mais criativo na busca de ideias ou soluções... que deverão, em seguida, obviamente, ser testadas.

Abertura e múltiplas perspectivas

Manter a mente aberta e se enriquecer com múltiplas perspectivas é a base da inteligência coletiva, que, por sua vez, contribui significativamente para uma cultura do T&L. A implementação de rituais organizacionais adaptados que favorecem a fertilização cruzada entre diferentes equipes é importante para estimular e disseminar essa mentalidade através de toda a empresa.

Dentre as boas práticas existentes para estimular essa abordagem podemos citar, por exemplo, as reuniões em pé (*stand-up meetings*) de 15 minutos entre colegas de equipes diferentes. Durante essas reuniões, cada equipe apresenta suas áreas de atuação e seus principais desafios atuais. São 5 minutos para apresentar sua atividade, 5 minutos para compartilhar os problemas atuais e 5 minutos para perguntas e respostas. A ideia de realizar a reunião em pé é que isso estimula a eficiência e a concisão. Essas trocas rápidas possibilitam, em seguida, produzir novas ideias de conversas ou de projetos que podem ser construídos no futuro. Foi assim que, após a visita de um colega de TI, um diretor de treinamento de uma grande organização teve a ideia de desenvolver um novo módulo de treinamento sobre aculturamento digital.

Outro ritual observado em várias empresas de tecnologia é o "almoço ninja" (*ninja lunch*). Em vez de almoçar sozinho ou sempre com as mesmas pessoas, os almoços ninjas permitem dividir o momento da refeição com colegas diferentes, aprendendo a conhecer a área de cada um e a construir uma visão mais transversal da empresa. Cuidado, porém, para não pecar pelo excesso: seria realmente contraprodutivo invadir o espaço pessoal de cada um, tornando essa iniciativa obrigatória e impedindo, potencialmente, que as pessoas almocem sozinhas ou com quem tenham vontade. As organizações também são formadas por redes de afinidade que, além do mais, satisfazem nossos desejos mais profundos de conexão, e esses comportamentos não podem ser forçados. Entretanto, podemos facilitar que isso aconteça criando espaços voluntários que facilitem as trocas, para permitir aos interessados que se abram a outras áreas e outras pessoas dentro da organização.

O *job-swapping* (rodízio de trabalho ou de função) é também uma técnica muito rica para incentivar a abertura e a visão mais ampla de outras áreas da empresa. Trata-se de trocar de cargo ou função com outra pessoa por um período determinado. Pode ser uma experiência bem curta, como quando alguém vem observar ou acompanhar as atividades de um colega durante um curto período (por exemplo, um dia), mas há formatos mais longos que podem ser utilizados também, como quando alguém assume as responsabilidades de outra pessoa por vários meses. O *job-swapping* pode ir além dos setores internos. No programa de formação de um grande banco internacional, alguns talentos identificados como futuros líderes potenciais vão trabalhar durante duas semanas em um projeto específico de uma *startup fintech* que faz parte do ecossistema do banco. Paralelamente, um colaborador da startup assume o cargo dessa pessoa no banco. Ao final de cada ciclo, a dupla compartilha impressões e aprendizados.

Outros mecanismos para o enriquecimento pessoal e a abertura de novos horizontes podem ser facilitados ou incentivados pela organização, como a participação em conferências profissionais para ampliar a rede de contatos e descobrir que os colegas de outros lugares enfrentam problemas parecidos, mas propõem, muitas vezes, respostas completamente diferentes. As novas ideias assim recolhidas podem ser objeto de testes futuros. Da mesma forma, as associações profissionais interempresariais dedicadas a uma função facilitam o intercâmbio voltado para temáticas precisas. A confiança entre os membros é, nesse caso, essencial. Garante-se a confidencialidade das trocas[23] para que se possa compartilhar abertamente problemáticas reais e, assim, se beneficiar dos conhecimentos e da diversidade de pontos de vista. Eu participo, por exemplo, do clube de diretores de universidades corporativas, e as suas sessões representam sempre uma fonte de inspiração e inovação para mim. Recentemente, compartilhamos nesse clube excelentes práticas implementadas em treinamentos online após a Covid, com ideias bastante concretas que representaram oportunidades de T&L em nossas organizações respectivas.

---

23. Temos, por exemplo, a Regra de Chatham House: "Quando uma reunião, ou parte desta, é regida pela Regra de Chatham House, os participantes são livres de usar as informações recebidas nessa ocasião, mas não devem revelar nem a identidade, nem a afiliação das pessoas na origem dessas informações, nem dos demais participantes".

Incentivo à diversidade

Tenho o hábito de dizer que, se duas pessoas pensam exatamente a mesma coisa, uma delas está sobrando! Incluir nas organizações e nas equipes uma diversidade de percursos, de meios socioculturais, de gêneros, de nacionalidades, de etnias etc. é uma forma de favorecer a abertura de espírito. As certezas gangrenam nossa criatividade, e a diversidade é um poderoso antídoto para fazer circular pontos de vista distintos e ganhar em criatividade e inovação.

No entanto, não basta trazer perfis diferentes para dentro da empresa para que tudo mude. As organizações podem muitas vezes obstruir a integração dos recém-chegados, ainda mais se eles forem "diferentes". Se você se mudou várias vezes durante o período escolar, certamente conhece o problema. Acontece o mesmo no mundo do trabalho. Portanto, é fundamental trabalhar pela inclusão dos novos membros nas equipes já existentes. Um exemplo que ilustra bem essa necessidade de inclusão ocorreu durante a fusão de duas escolas de comércio na França. Na ocasião, um dos desafios era internacionalizar rapidamente a equipe docente. A nova escola resolveu então concentrar os recrutamentos em perfis internacionais, renovando um terço dos professores em três anos. Levando em conta essa nova diversidade, havia um risco não desprezível de que os novos professores, que estavam mudando de trabalho, de local de ensino e, ainda, de país e de cidade, não se sentissem à vontade em sua nova escola, que queria a todo custo evitar falhas de integração. Foram postas em prática medidas simples de inclusão: fazer todas as reuniões dos departamentos acadêmicos em inglês, visto que os novos professores ainda não falavam francês; criar um sistema de apadrinhamento em que um professor já em atividade cuidaria da integração de seu "afilhado"; facilitar a elaboração de novos projetos de pesquisa em comum etc. Essas ações favoreceram enormemente a inclusão e a integração adequada dos novos professores à escola.

Além da criatividade e da curiosidade, a cultura do T&L se desenvolve igualmente pela valorização sistemática da inovação, como apresentado a seguir.

Uma cultura voltada para a inovação

As empresas que utilizam bastante o T&L são decididamente voltadas para a inovação, e as empresas de tecnologia, sem dúvida, representam algumas das mais avançadas na área. Foi assim que Jeff Bezos incluiu em um anúncio da Amazon de 2004 o seguinte slogan: "Se você dobrar o número de experimentos, você dobrará sua capacidade de inovação". A relação entre o número de testes realizados e a inovação está claramente demonstrada.

Muitas empresas acham que para inovar é preciso ter equipes criativas e cheias de ideias. É claro que ideias são importantes, mas o conselho de Michal Shrage[24], pesquisador do MIT, é reduzir o tempo dedicado aos *brainstormings* criativos e passar muito mais tempo formulando hipóteses que possam ter impacto sobre os negócios (hipóteses de negócio), para, em seguida, testá-las em experimentos (testes) bem elaborados (experimentos de negócio). Isso vai ao encontro da opinião de um amigo meu que dizia: "As ideias, você cata no chão; o que conta mesmo são as ideias que funcionam". E eu complementaria: o que conta mesmo são as ideias que podemos testar.

Uma hipótese de negócio é uma crença sobre a maneira de criar valor. Ela é relativa, e não tem valor em si mesma antes que você a

24. Michael Schrage, *The Innovator's Hypothesis. How Cheap Experiments Are Worth More than Good Ideas*, MIT Press, 2014.

tenha testado. Por esse motivo, prefere-se que as hipóteses a testar não sejam grandes visões (amanhã, todo mundo comerá gafanhotos liofilizados no almoço), mas sim ações específicas que possam conduzir a resultados mensuráveis (que tipo de embalagem poderia convencer mais consumidores a provarem gafanhotos liofilizados no lanche?).

Schrage propõe uma filosofia da inovação pela experimentação rápida, que ele chama de método 5x5, resumido da seguinte maneira: reúna 5 equipes compostas de 5 membros; dê a essas equipes 5 dias para conceberem 5 ideias de experimentos; cada um dos experimentos não deve durar mais de 5 semanas, nem custar mais de $5000. Dessa forma, você terá 25 experimentos possíveis a um custo razoável e realizáveis em um lapso de tempo bem curto. Destes, 10% a 20% deverão produzir resultados positivos, o que representa uma proporção aceitável. É preciso beijar vários sapos até encontrar um príncipe.

A ideia subjacente ao método 5x5 é que os experimentos devam ser simples, rápidos e de baixo custo, para produzir inovações que serão, por sua vez, simples e rápidas, mas potencialmente geradoras de valor considerável.

Schrage inclui dez conselhos mais específicos para implementar o método 5x5:

1. Saiba por que você está realizando esse experimento. Reflita sobre a concepção da sua experiência até poder redigir um resumo convincente a respeito em duzentas palavras (um pouco como o *press release* da Amazon).
2. Encontre pessoas-chave que possam apoiar o seu projeto, sem necessariamente ter que solicitar o apoio do presidente ou do CEO da empresa.
3. Busque um *sponsor* para o seu projeto. Não pelo dinheiro, mas para dar credibilidade ao experimento que será realizado.

4. Nunca comece pedindo dinheiro, mas sim tempo, recursos em termos de infraestrutura ou de tecnologia.
5. Delimite precisamente o seu experimento: qual resultado você deseja obter? E como vai mensurá-lo?
6. Defina um prazo para obter os resultados, e o respeite. A sua ideia não é explorar o campo de possibilidades, mas obter um resultado específico sobre um teste preciso.
7. Reserve desde já a data em que apresentará seus resultados aos seus superiores hierárquicos ou a outros tomadores de decisão. Isso vai trazer uma pressão saudável ao projeto.
8. Monte sua equipe mesclando funções e áreas da empresa. Privilegie a diversidade ou, melhor ainda, deixe que a equipe se auto-organize.
9. Organize uma reunião para dar o *pontapé inicial* do projeto. Responda a todas as perguntas e esclareça todos os aspectos do experimento.
10. Lance o projeto. Aperte os cintos, temos cinco semanas.

Celebrar o aprendizado, não os resultados

Uma cultura T&L é uma cultura na qual as equipes são capazes de celebrar os aprendizados derivados dos testes, independentemente dos resultados obtidos. O mérito do T&L é exatamente poder tirar lições das ações conduzidas, sejam elas positivas ou negativas, e valorizar as equipes que realizaram o teste e aprenderam a partir dos seus resultados. É nesse ponto que vemos na prática o que significa realmente o "direito ao erro" do qual falamos anteriormente, pois sem a possibilidade de aprender a partir de um teste que não funcionou a organização será condenada a repeti-lo novamente – o que é contrário a uma cultura do T&L. Vamos deixar claro aqui que um teste não conclusivo

– ou um resultado "negativo" de um teste – é um resultado que não confirma a hipótese inicialmente imaginada. Um teste que resultou não conclusivo porque foi mal conduzido em termos de metodologia nos ensina somente a utilizar melhor a metodologia do T&L e não necessariamente sobre a hipótese ou sobre o negócio. Mas isso não será o seu caso, pois trabalharemos juntos na elaboração de uma metodologia clara para realizar um teste na segunda parte deste livro.

Para tornar o valor do aprendizado bem concreto, seja ele positivo ou negativo para a organização, uma grande empresa industrial francesa organiza um evento chamado *fuck up nights*. Durante esse evento, os participantes compartilham os experimentos realizados e as diferentes fases, por vezes mesmo desastrosas, que eles seguiram. Os testes são apresentados de tal maneira que muitas vezes é difícil saber o resultado final do experimento. O apresentador convida os participantes a imaginarem como eles mesmos teriam conduzido esses testes, antes que a equipe ou seu representante explique como ele foi realizado. O objetivo é difundir e internalizar a ideia de aprendizado, e não de resultados, enquanto as pessoas se divertem em um ambiente simpático e acolhedor.

Cultura da evidência: as organizações orientadas por dados

A cultura T&L é também uma cultura da evidência e dos *dados*. Desenvolver a cultura do T&L reforça de forma paralela e simultaneamente uma cultura dos *dados*, o que significa uma oportunidade fantástica para as organizações de aumentar o uso dos dados no negócio. Cada projeto T&L é uma oportunidade de reforçar a ideia de que uma tomada de decisões baseada em dados contribui para tornar as discussões mais objetivas e, principalmente, mais eficientes e pertinentes.

Jeff Bezos e o Washington Post

Quando Jeff Bezos comprou o *Washington Post (WP)*, em 2013, um jornal de prestígio, mas em declínio, ele trouxe uma cultura da experimentação e do T&L própria da Amazon e das empresas de tecnologia para o jornal. Ele reforçou a redação e os jornalistas, mas ao mesmo tempo contratou também um bom número de engenheiros e *data scientists* que trabalham em colaboração com os jornalistas do Post.

Uma das ideias centrais de Bezos é a de que as pessoas devem primeiro ser expostas ao jornalismo do Washington Post e incentivadas a clicar e ler os artigos onde estiverem (por exemplo, nas redes sociais, e mesmo no Facebook). Em seguida, alguns leitores se identificarão o suficiente com o jornal para se tornarem assinantes da versão digital paga, mas nesse meio-tempo o tráfego terá aumentado nos diversos canais (o site, a versão mobile, os aplicativos etc.). É o que se chama de marketing *de funil*, ou seja, um *funil* pelo qual um simples visitante pode se tornar comprador passando por diferentes etapas, e em cada etapa uma técnica de marketing específica e distinta é desenhada. O topo do funil deve, portanto, ser sempre o mais amplo possível, para trazer o maior número de clientes no início do processo.

Para incentivar o público a clicar nos artigos do Washington Post, os engenheiros do WP adotaram uma ferramenta chamada Bandito. Essa ferramenta de teste A/B permitiu aos jornalistas escreverem até cinco versões diferentes do título e do subtítulo de cada artigo, mas também escolherem imagens diferentes, e publicarem todas elas para públicos distintos, com o objetivo de verificar qual das versões do mesmo artigo geraria mais tráfego para o jornal. De maneira progressiva, a versão que gera a maior taxa de engajamento (cliques) se torna a única versão para o público em geral. A versão seguinte da ferramenta Bandito permitirá determinar de maneira mais refinada a versão que mais se adapta a um público específico: o público internacional, nacional, os leitores do Facebook etc., aumentando o impacto do WP.

É importante mencionar que, mesmo que alguns testes não sejam sempre conduzidos com uma precisão estatística perfeita, a mecânica intelectual do teste permite reforçar progressivamente a ideia de que as decisões são melhores quando tomadas com base em fatos e dados em vez do *feeling*, da intuição ou, ainda, da pressão política de certos líderes ou dirigentes da empresa. A lógica do T&L convida cada indivíduo a participar da melhoria contínua em seu próprio nível, visto que a adoção de uma proposta será determinada não pela posição hierárquica ou pelo seu grau de conhecimento prévio sobre o assunto de uma pessoa, mas pelo resultado obtido no teste. Portanto, o T&L promove uma formidável liberação de energia e uma forma de democratização das iniciativas pelos colaboradores, pois sabemos que a nossa ideia será julgada pelos seus méritos, e não por outras variáveis políticas internas à organização. À medida que a cultura do T&L se desenvolve na empresa, as pessoas se esforçam para implementar métodos de teste mais e mais rigorosos, o que reforça a qualidade do processo. De certa maneira, podemos dizer que a cultura do T&L fortalece a qualidade de execução dos testes no interior da organização, o que, por sua vez, fortalece a cultura do T&L. Uma reforça a outra, em um círculo virtuoso, com ambas ajudando a impulsionar melhorias contínuas e inovações criadoras de valor para os clientes da organização.

As organizações orientadas por dados, que desenvolvem em grande escala práticas de T&L conduzidas de forma científica, necessitam de estruturas e de equipes profissionais de engenheiros, estatísticos e *cientistas de dados*. A existência das tecnologias e competências reduz o custo marginal de cada teste e permite racionalizar completamente o processo de teste.

A Microsoft oferece um bom exemplo de empresa que desenvolveu uma organização totalmente dedicada à experimentação: a Microsoft's Analysis & Experimentation. Essa unidade abrange aproximadamente oitenta pessoas que, diariamente, auxiliam na condução de centenas de experimentos em produtos como Bing, Cortana, MSN, Office, Skype, Windows, entre outros. Uma mudança mínima ou a introdução de uma característica nova em um aplicativo tornam-se objetos de testes randomizados com centenas de milhares de usuários, às vezes até mesmo milhões de usuários. Esses clientes (no caso, nós) realizam facilmente esses experimentos, já que na maior parte do tempo nem sequer se dão conta de que participam de um teste. Eles simplesmente usam o produto (como usariam se não existisse o teste) em condições reais, e os engenheiros observam as mudanças de comportamento ou percurso de navegação através dos cliques, sem nenhuma resposta a questões em um questionário, e sem que o cliente esteja consciente de que estaria "testando" algo novo no produto. Com base nesses comportamentos, as equipes utilizam análises estatísticas aprofundadas para verificar os resultados de todos os testes.

No entanto, ter uma *unidade de experimentação centralizada* com uma equipe dedicada a serviço de todas as unidades de negócios da organização pode gerar problemas de alocação de recursos ou de priorização dos testes a serem executados. Desconectados das unidades de negócios, os *cientistas de dados* podem, por vezes, não levar em consideração alguns aspectos-chave ou desafios de negócios que deveriam ser considerados nos testes. Ou, ainda, podem não dispor do poder necessário para convencer os líderes da validade de um teste cujo resultado vai de encontro aos seus projetos ou interesses. Esse não é, porém, o único modelo possível.

O modelo descentralizado prevê a redistribuição dos *cientistas de dados* nas diferentes divisões de negócio. A vantagem dessa abordagem é que esses profissionais passam a compreender melhor os desafios de cada área de negócio em que atuam. A desvantagem é que se afastam de seus pares e desenvolvem menos competências em áreas que evoluem continuamente e em alta velocidade. Além disso, há o risco de os experimentos conduzidos em cada unidade ficarem ilhados na divisão que os encomendou e de que os resultados não sejam compartilhados na organização de forma ampla.

Uma terceira opção seria ter uma parte da equipe centralizada e uma parte nas unidades de negócios (essa é, aliás, a solução adotada pela Microsoft). Ela permite reduzir as desvantagens das soluções anteriores, mas pode gerar confusão sobre a divisão de responsabilidades entre o centro de excelência e as unidades operacionais, bem como sobre quem paga os investimentos quando certas unidades aceleram o número de experimentos e outras nem tanto. Enfim, em pequenas estruturas é igualmente possível não seguir nenhum dos três modelos e recorrer às competências de terceiros para conduzir os testes.

Não existe, de fato, modelo bom ou ruim, pois isso depende das características da organização e de seu grau de maturidade na condução dos testes. Uma empresa de médio porte costuma começar por um serviço centralizado e pode vir a pender para um dos outros modelos. Uma empresa fortemente descentralizada ou um grupo com várias unidades de negócios muito diferentes entre si tenderão a optar pelo modelo descentralizado.

Seis características comuns às organizações orientadas pelo T&L[25]

Centradas em dados. A organização é irrigada por dados. Os dados são valorizados, e os softwares e sistemas de informação são organizados para facilitar o acesso a esses dados. As pessoas foram "alfabetizadas" a respeito do uso e da importância dos dados.

Voltadas para a experimentação. O processo de T&L é valorizado pela direção, e os líderes são formados sobre a abordagem do T&L. Os métodos de T&L são compartilhados e conhecidos, e os resultados são divulgados através da organização.

Centradas no cliente. A organização é obcecada em gerar valor para o cliente (mesmo em coisas ínfimas, como ganhar alguns milissegundos de velocidade na apresentação de uma página web). Essa geração de valor é a base de toda experimentação.

Espírito empreendedor. As equipes são voltadas à ação, e buscam resultados continuamente. Elas se sentem responsáveis por resolver os problemas com os quais se deparam.

Abordagem iterativa. As equipes não pretendem saber tudo ou acertar de primeira. Elas tentam, fracassam, progridem e valorizam o que aprendem com a experimentação.

Cultura de risco. As equipes não consideram nada como garantido. Elas questionam as práticas usuais de seus setores, põem em xeque as regras habituais do negócio, saem dos caminhos balizados e não hesitam em correr riscos.

25. Adaptado a partir da lista proposta por David J. Bland and Alexander Osterwalder, *Testing Business Ideas*, Wiley, 2019.

Como já vimos, o T&L é uma cultura empresarial que favorece a tomada de riscos calculados em um cenário que traz como princípio o dever de testar as novas ideias de forma iterativa, baseada em dados e tendo sempre o cliente em mente. Uma empresa que integrou esses elementos ao seu DNA foi a BlaBlaCar. É para ela que vamos agora.

O que aprendemos? A cultura do *falhar, aprender, conseguir* na BlaBlaCar[26]

A BlaBlaCar, pioneira em aplicativos de carona e mobilidade, faz parte dos unicórnios franceses, ou seja, das empresas com valor de mercado acima de 1 bilhão de euros, como a Deezer ou a Doctolib.

A cultura do T&L está profundamente enraizada na BlaBlaCar e faz parte dos dez *Princípios BlaBla*, sob a forma do princípio "Falhar, aprender, conseguir". Foi assim que seu fundador, Frédéric Mazzella, levou adiante o conceito de plataforma, testando diversas fórmulas no início e progredindo na tentativa e erro até encontrar a fórmula que faria a plataforma decolar.

Atualmente, essa cultura do teste é tão enraizada na organização que chega a produzir efeitos perversos. As equipes da BlaBlaCar podem ter dificuldades de tomar uma decisão se não houver existido previamente um teste. Por exemplo, uma campanha publicitária para a marca que não podia ser testada, ou pelo menos não o poderia no curto prazo, foi fonte de múltiplas discussões, pois ninguém conseguia tomar uma decisão baseada apenas em convicções e sem se apoiar no resulta-

---

26. Retirado de entrevista do autor com Rémi Guyot, Chief Product Officer da BlaBlaCar, e da entrevista de F. Mazzella: "Si je n'apprends pas, je me fane", Magazine Décideurs, 4 março 2021. Disponível em: https://www.innovationmanageriale.com/pratiques-dentreprises/quand-les-echecs-sont-consideres-comme-source-de-progres-fail-learn-succeed-blablacar/.

do de um teste. Tal situação pode se transformar em um paradoxo nas empresas de tecnologia.

Mas o que se entende por "fracasso" (*fail*) na BlaBlaCar? A palavra "fail" costuma ser traduzida em português por "fracasso", que não exprime adequadamente o conceito do inglês: *fail* representa um espírito de pioneirismo, uma busca entendida como uma passagem, por vezes acidentada, para se chegar ao sucesso. Ela convida a seguir adiante e tentar de novo. Em comparação, "fracasso" parece mais como um baque definitivo. Portanto, o que é transmitido culturalmente é totalmente distinto de uma língua para outra. Na BlaBlaCar, a cultura do T&L se baseia em uma cultura da transparência. Todos conhecem tudo da empresa, e cada um fala abertamente dos erros cometidos e do que a empresa aprendeu com eles.

Na BlaBlaCar, cada equipe elabora seus experimentos com total autonomia, mas sempre inclui um responsável pelas análises estatísticas para garantir a qualidade e a confiabilidade. Uma das facilidades em aplicar o T&L nas empresas de tecnologia é que os testes são realizados de maneira totalmente digital, portanto, pouco onerosa. Esse não é necessariamente o caso nas empresas tradicionais.

Um exemplo do uso do T&L na BlaBlaCar foi o novo aplicativo lançado no início da pandemia de covid-19. O aplicativo servia para que as pessoas fizessem compras para os vizinhos mais idosos, para que estes pudessem reduzir as saídas de casa e, *em última instância*, reduzir também o risco de contaminação. O aplicativo foi desenvolvido e testado em quinze dias dentro da comunidade BlaBlaCar. Em seguida, a equipe imaginou que esse poderia ser um serviço prestado em maior escala, principalmente em parceria com os grandes varejistas. Essa hipótese foi testada, mas não funcionou de forma alguma. Pelo fato de realizar o teste, a BlaBlaCar evitou o lançamento de uma iniciativa que tomaria recursos significativos se lançada em grande escala e que não teria funcionado.

Ainda assim, mesmo nessa empresa fortemente impregnada da cultura do T&L, a questão de identificar claramente e compartilhar os aprendizados pós-testes para a organização como um todo (o aspecto *learn* dos testes) ainda não foi resolvida completamente. O aprendizado acontece mais na escala da equipe que conduziu o teste. De qualquer forma, existe um documento, chamado FLS (de *Fail, Learn, Succeed*), que mostra o que foi aprendido com o teste, os erros cometidos e a maneira como a empresa planeja corrigir o problema no futuro. Mas os FLS não estão centralizados em um sistema de informação que permita a todos os funcionários terem acesso aos aprendizados obtidos pelos testes realizados anteriormente por outras equipes.

***

Vimos, portanto, que a cultura do T&L depende fundamentalmente da confiança dos atores. O desenvolvimento dessa cultura é favorecido por:

- um compromisso da liderança com a noção do "dever de testar";
- mecanismos que incentivam fortemente a curiosidade e a criatividade organizacionais, produzindo uma mentalidade favorável à inovação e à melhoria contínua;
- uma atenção dirigida fundamentalmente para os aprendizados obtidos a partir dos testes, independentemente dos resultados obtidos;
- enfim, pela total obsessão da organização por um único objetivo final: melhorar o valor percebido pelo cliente por meio das soluções construídas e medidas pelos dados.

Resumindo, a cultura do T&L depende, antes de tudo, da confiança subjacente a todos esses elementos, mas essa mesma cultura pode ser um meio formidável de desenvolver a confiança no seio das equipes e da organização.

PARTE 2

A METODOLOGIA DO T&L

CAPÍTULO 4

AS ETAPAS DE UM BOM T&L

> "Uma cultura Test & Learn é um importante acelerador da capacidade de inovação das empresas."
>
> Eloïc Peyrache, reitor HEC Business School

Nesta segunda parte, vamos apresentar a metodologia do T&L em etapas e detalhar todos os elementos e cuidados particulares em cada uma delas, garantindo, dessa forma, a credibilidade dos resultados do teste. A validade dos resultados de um experimento depende significativamente do método utilizado e das condições de sua implementação.

PROCESSO T&L

A metodologia do T&L se constitui de cinco etapas específicas. A primeira consiste em definir a problemática em cuja resolução o T&L vai contribuir (etapa 1). Essa etapa é seguida da concepção do teste (etapa 2) e de sua implementação (etapa 3). Uma vez realizado o teste, vem a etapa de análise dos resultados (etapa 4), que possibilitará uma tomada de decisão (modificar a solução, generalizar a solução, abandonar a solução). Qualquer que seja o resultado, o processo será então documentado para ser integrado à base de conhecimentos da empresa e divulgado da maneira mais ampla possível na organização (etapa 5).

Um exemplo prático pode nos ajudar a visualizar as diferentes etapas do T&L. Imagine que um banco deseje lançar um assistente digital (*chatbot*) usando a inteligência artificial para responder às perguntas dos clientes, atividade atualmente realizada por colaboradores em uma central telefônica. A problemática (etapa 1) é aumentar a satisfação do cliente com a utilização do serviço e reduzir os custos. Em vez de esperar por uma versão perfeita dessa nova ferramenta, o banco lança (etapas 2 e 3) um MVP (*Minimum Viable Product*, ou produto viável mínimo, que será testado) em uma área bem delimitada, como em uma cidade. Em seguida, a satisfação do cliente e o custo operacional (os dois indicadores relevantes para esse projeto) são medidos e comparados com os de outras cidades que continuam tendo acesso à central telefônica (grupo de controle). Isso permite observar o impacto e buscar o aperfeiçoamento do projeto (etapa 4). Os resultados são então publicados em um banco de casos interno da empresa. Se forem positivos, poderão servir para a implantação da solução em outros países ou cidades de atuação do grupo. De qualquer modo, o resultado será documentado, para permitir que outras unidades do grupo reproduzam a solução ou evitem a repetição dos mesmos erros (etapa 5).

Figura 4.1 – Etapas de uma ação de T&L

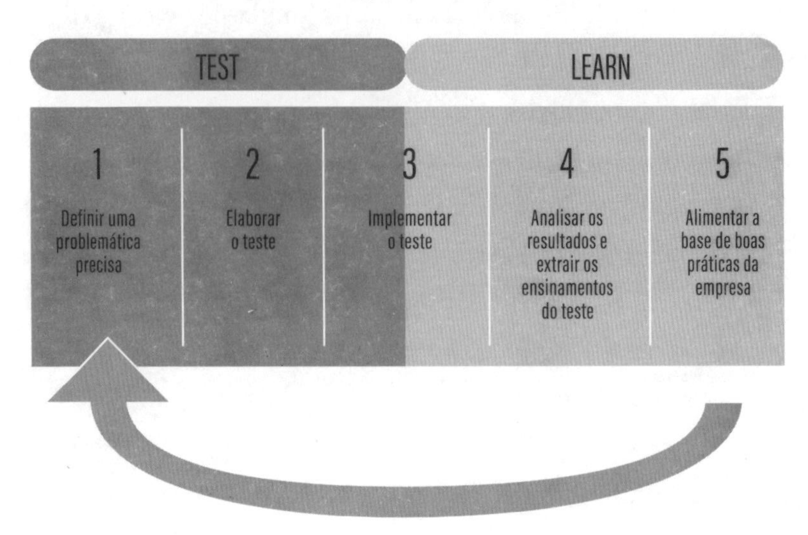

CASO: MERCHANDISING NO MODO T&L

Para fins pedagógicos, vamos agora entrar em detalhes em um exemplo típico para ilustrar o método e as dificuldades de uma iniciativa local de T&L. Esse exemplo se passa no mundo físico, de forma proposital, pois permite visualizar um modelo completo de T&L em uma situação mais complexa e fora da área digital, onde os testes são mais comuns.

Um contexto favorável ao T&L

Imagine uma pessoa encarregada de um departamento – no nosso exemplo, vamos chamá-la de Maria – em uma loja de um grande varejista. Maria adora fazer sugestões e tomar iniciativas. Ela escolheu esse trabalho e essa empresa em particular porque sabia que ser proativa era algo bem-visto na cultura dessa organização. Apostar na inteligência coletiva é visto, nessa empresa, como uma verdadeira fonte de vantagem competitiva para enfrentar um ambiente volátil e incerto. É nesse contexto que ela favorece as ações de T&L. Segundo essa empresa, se cada colaborador criar uma ação de T&L em sua área de atuação, e se essas ações forem efetuadas corretamente, eles terão milhares de ações desenvolvidas e inúmeras inovações potenciais concebidas por quem entende do assunto, ou seja, por quem vê e encontra os clientes todos os dias.

Mas como ajudar Maria a preparar sua ação de T&L?

Etapa 1 – Definir a problemática

Em sua loja, Maria começa trabalhando na identificação do assunto que ela se propõe a abordar para trazer uma melhoria (a problemática). O departamento dela está com bons resultados no que diz respeito às vendas, e também com relação ao tráfego na loja: o número de clientes que passam pelo departamento de Maria em relação ao total da loja é similar ao de outras lojas do grupo. Porém, depois de algumas conversas com o diretor da loja, Maria descobre uma situação complexa que deveria ser resolvida rapidamente: é preciso aumentar a margem bruta[27] do departamento. Por mais que a receita de seu departamento seja boa em comparação com os outros departamentos da loja e com esse mesmo setor nas outras lojas, os produtos mais vendidos, no caso dela, têm margem fraca. Ter uma margem bruta ruim implica a necessidade de aumentar as vendas dos produtos que têm maior contribuição (margem mais elevada) dentro da categoria de produtos. Isso permite aumentar a contribuição do departamento para suprir os diferentes custos da loja (pessoal, alu-

27. Margem bruta = margem multiplicada pelo número das vendas. Se um comerciante recebe 3 euros por uma vodca da qual ele vende 100 mil litros, mais vale ele receber só 1 euro por uma outra marca da qual ele vende um milhão de garrafas. Seu ganho passaria de 300 mil euros para 1 milhão de euros.

guéis etc.). A escolha desse objetivo fica ainda mais clara quando Maria compara o desempenho de seu departamento com o desempenho de outras lojas, em que a margem bruta é mais elevada na média. É importante que Maria e seu diretor estejam alinhados claramente sobre o problema que deveria ser resolvido, e que o diretor possa atuar como patrocinador (*sponsor*) do projeto internamente.

No entanto, considerar que o objetivo consiste simplesmente em aumentar a margem bruta não basta para definir uma problemática. De fato, definir o objetivo a alcançar não nos diz nada sobre *como* pretendemos obter esse resultado. Determinar uma estratégia para atingir esse objetivo é o que permite delimitar a "problemática". Por exemplo, Maria poderia aumentar a margem bruta simplesmente com um aumento geral dos preços de todos os produtos do departamento, mas haveria o risco de afugentar os clientes mais sensíveis ao preço (com um impacto direto potencialmente negativo sobre a margem bruta final). Ela poderia também parar de vender produtos com margens baixas na categoria, forçando os clientes a se voltarem para produtos de margem mais elevada. Mas isso poderia desagradar os clientes acostumados com determinados produtos, que poderiam mudar de loja se não os encontrassem. Não há uma solução clara, e Maria precisa pensar junto com sua equipe sobre o tipo de ação que deveriam adotar a fim de produzir uma melhor margem bruta total para o departamento.

Maria e sua equipe começam com um pequeno estudo qualitativo por meio de conversas diretas com clientes do departamento. Ela constata que a sinalização já presente no departamento para tentar orientar os clientes em direção aos produtos de margem mais alta é muito pouco observada pelos clientes. O cliente não é orientado a considerar os produtos que mais contribuem para o departamento em termos de margem e, dessa forma, acaba não os levando em consideração na hora da decisão de compra. Reformulada desta maneira, a problemática se torna: "Como comunicar de forma mais eficaz os benefícios dos produtos de maior contribuição em margem bruta, aumentando, assim, o número de clientes que os compra?".

Etapa 2 – Criar o teste

Maria e equipe propõem a instalação de uma nova sinalização no departamento que dê destaque aos benefícios para os clientes dos produtos de maior contribuição em termos de margem. Essa é uma proposta estruturante, pois ela diz o objetivo final (aumentar a margem da categoria), e também uma proposta clara de ação – dentre muitas outras ações possíveis – para tentar resolver essa problemática. Essa problemática resolve a etapa 1 do T&L, mas não diz nada sobre como podemos testá-la; isso é, portanto, a etapa 2, que descrevemos a seguir.

Quando a equipe tomou a decisão de optar por uma nova sinalização e testá-la, ela também discutiu a maneira como o teste seria realizado. Um membro da equipe propôs medir a receita e a margem bruta por uma semana, durante a qual a nova sinalização seria implementada. Em seguida, bastaria comparar a margem bruta com aquela obtida na semana anterior. Intuitivamente, esse método parecia adequado aos olhos dos membros da equipe, mas um estagiário lembrou que durante a semana prevista para o teste haveria também uma promoção nacional proposta pela empresa, o que poderia trazer à loja mais clientes do que normalmente teriam, distorcendo, dessa forma, potencialmente, os resultados do experimento. Outro membro da equipe também salientou que a semana considerada era a primeira do mês, período em que os clientes sempre gastam mais, pois acabam de receber o salário. Mais um fator que poderia distorcer os resultados. Seria realmente uma pena realizar todos esses esforços sem poder tirar conclusões objetivas por causa da influência de outros parâmetros que seriam externos ao teste.

Para responder a essas preocupações, Maria propõe conversar com outras duas lojas da rede, cujos responsáveis pelo mesmo setor ela conhece. A ideia é recolher os resultados das vendas dessas lojas para o mesmo período do teste. De fato, essas lojas são muito similares à loja de Maria (mesmo tamanho, mesmo número de categorias de produtos no departamento etc.), e a área de influência dessas lojas também é similar (mesma tipologia de clientes etc.). Se a margem bruta for afetada na loja de Maria, mas não nas demais, significa que é um efeito da nova sinalização, pois esta não estará presente nas outras lojas. A escolha das outras duas lojas também permite neutralizar o risco vinculado à promoção em nível nacional, pois ela também acontecerá nessas lojas. O diferencial de margem bruta, se houver, não poderá ser explicado por essa promoção nacional.

Outra colega do grupo sugere ainda que o teste seja feito por quatro semanas, a fim de evitar as flutuações devidas a períodos mais fortes do calendário, como o tráfego de clientes mais significativo em início de mês. Além disso, ela sugere comparar os resultados do teste com os dados do mesmo período do ano anterior, para evitar qualquer problema ligado à sazonalidade (por exemplo, esta categoria é mais vendida no verão do que no inverno).

A equipe como um todo aprova todas essas sugestões, e o teste então toma forma. A nova sinalização será implementada durante quatro semanas, e serão medidas as vendas e a margem bruta, para então compará-las com as quatro semanas anteriores (e na comparação com o mesmo período do ano anterior). Os resultados serão igualmente comparados com aqueles de lojas similares, que representarão as "lojas do grupo de controle", nas quais nenhuma mudança terá sido feita. Dessa forma, tudo está pronto para que Maria possa implementar o teste.

Etapa 3 – Implementar o teste

Dois pontos são cruciais durante a aplicação do teste. O primeiro consiste em colocar em prática as ações previstas para testar a solução. No caso da equipe de Maria, está tudo pronto para que seja instalada no Dia D a sinalização orientando os clientes em direção a produtos de maior contribuição em termos de margem bruta, como previsto. O segundo consiste em se proteger de qualquer evento externo que possa vir potencialmente a "poluir" os resultados do teste.

Para Maria e sua equipe, a implementação do teste ocorreu de maneira perfeita. Porém, durante a terceira semana de execução do teste, um evento parasita acabou acontecendo: um fabricante havia firmado um acordo com a central de compras para uma redução excepcional do preço do seu produto durante uma semana em todas as lojas do varejista. Tendo em vista o risco que essa redução de preço tinha de afetar os resultados finais do teste, Maria, com a ajuda do diretor de sua loja, consegue negociar com a central do varejista para que a aplicação dessa redução excepcional seja adiada em uma semana, tempo necessário para concluir o teste que estava em andamento. Esse tipo de acontecimento mostra a importância de se ter patrocinadores e aliados durante toda a implantação de um teste.

Se não fosse possível encontrar uma solução desse tipo, teria sido necessário encontrar alternativas para evitar o impacto dessa redução de preço nos resultados do teste. Por exemplo, suspender o teste (retirar a sinalização) durante a semana da redução de preço excepcional e retomá-lo nas duas semanas seguintes. Ou ainda uma outra opção: Maria poderia ter tirado da análise a marca envolvida na promoção durante todo o período – mas essa abordagem dependeria necessariamente do peso (proporção) dessa marca sobre as vendas totais da categoria. Em suma, é importante garantir que não haja nenhum fator externo capaz de intervir nos resultados do teste e oferecer explicações alternativas aos resultados.

É igualmente importante prever como os resultados serão recolhidos. De fato, os resultados avançam nos sistemas de informação da empresa, e são por vezes consolidados automaticamente, o que torna difícil isolar alguns dos resultados pesquisados. É importante, portanto, garantir previamente que os resultados do teste sejam acessíveis. No caso de Maria, a receita e a margem bruta podem ser consultadas facilmente no sistema de gestão da loja. Maria copia as informações todas as noites após o fechamento da loja em uma planilha simples. Isso permite passar, em seguida, à análise dos resultados.

Etapa 4 – Analisar os resultados do teste

A avaliação do KPI (*Key Performance Indicator*) – no nosso caso, a margem bruta – e sua comparação com os outros dados permitem verificar se o teste produziu resultados positivos ou não.

Ao final do período de teste de quatro semanas durante o qual a nova sinalização foi instalada, Maria e sua equipe observam os resultados de vendas do setor. Ela ficou satisfeita em constatar que no período do teste a margem bruta aumentou 7% em seu departamento em relação ao mês anterior. Em contrapartida, um membro da equipe ressalta que o mês do teste foi particularmente bom, em especial por causa da promoção conduzida em nível nacional pela rede. Esse crescimento de 7% se deve à nova sinalização? Ou seria o resultado, pelo menos parcialmente, do impacto da promoção nacional realizada pelo varejista?

Como previsto inicialmente, o resultado foi comparado com o do grupo de controle. Nesse exemplo, tratou-se da média das margens dos departamentos de outras lojas similares onde não houve nenhuma mudança durante o período. Maria constata que a margem bruta também aumentou nas outras duas lojas, mas "apenas" 1,6%, em média. É um dado animador para Maria e sua equipe, pois boa parte do aumento na margem bruta se deve realmente à nova sinalização instalada em sua loja. Quando Maria compara seus resultados à margem bruta obtida no mesmo período do ano anterior, ela chega a um aumento de 6,3%. Essa comparação com o mesmo período do ano anterior permite, igualmente, neutralizar o efeito da promoção em nível nacional realizada neste ano.

Resumindo: a margem bruta aumentou 7% durante o mês do teste, ao passo que as lojas de controle exibiram um avanço nitidamente menor (1,6%). Além do mais, comparado à margem bruta obtida no mesmo período do ano anterior, o aumento foi de 6,3%. Todos esses elementos parecem convergir para permitir afirmar que a nova sinalização instalada no departamento provocou um resultado positivo sobre a margem bruta do departamento de Maria.

Para verificar se os resultados obtidos nessa loja poderiam ser extrapolados para toda a população (o conjunto de lojas desse varejista), seria preciso efetuar testes estatísticos, os quais poderiam ser, de fato, oportunos para assegurar que a diferença constatada na amostra utilizada pode ser extrapolada ao conjunto da população. Esses testes estatísticos podem ser facilmente utilizados atualmente, com muitas ferramentas e cursos disponíveis gratuitamente na internet – e eles não serão detalhados neste livro.

Para reduzir os riscos, é igualmente possível aplicar a abordagem de testes *por etapas* para verificar se os resultados se confirmam quando o procedimento é aplicado em áreas mais extensas. No cenário de uma implementação programada, podemos continuar a examinar os resultados em relação aos grupos que ainda não utilizam a nova abordagem, adaptando, assim, as ações no contexto de um processo ágil. Por exemplo, na sequência do teste bem-sucedido na loja da Maria, a sinalização sugerida por ela poderia ser estendida a outras lojas da mesma região.

Os resultados seriam então comparados a outras regiões de atuação do varejista. Com isso, seria possível confirmar a pertinência da abordagem e mitigar os riscos associados para a empresa.

Etapa 5 – Aprender com os testes e alimentar as boas práticas da empresa

Quando um teste é positivo, a iniciativa testada pode ser compartilhada com outras lojas da empresa por meio de uma plataforma de boas práticas. Se o resultado não for positivo (margem bruta idêntica ou inferior), é igualmente importante divulgá-lo, para que essa mesma solução não seja testada novamente nem replicada em outras lojas do varejista. Isso permite à empresa evitar perder tempo insistindo em uma abordagem que não estaria produzindo os resultados esperados, e talvez até mesmo criando oportunidades para aperfeiçoar a solução proposta que seria objeto de novos testes no futuro.

Porém, na prática, observa-se, infelizmente, que muitas vezes no T&L há muito *test e* pouco *learn*. Essa situação se deve geralmente ao fato de que as organizações não documentam suficientemente os resultados dos experimentos realizados pelos colaboradores. Também acontece com frequência de os resultados não serem integrados ao programa de treinamento da empresa. Isso leva a uma perda significativa de conhecimento técnico por parte das organizações.

Maria e sua equipe ficaram encantadas com os resultados. Foi o terceiro teste que fizeram na loja. Os resultados dos dois primeiros não se mostraram significativos. As ações tomadas não produziram efeitos visíveis e mensuráveis na comparação com as lojas de controle. Porém, Maria não se deixou abater, pois sabe que a abordagem baseada em testes é incentivada e valorizada em sua empresa, e que a capacidade de tomar a iniciativa tem por corolário o direito de errar. Além do mais, um teste não significativo também deve ser visto como uma conquista, pois permite evitar a repetição de um erro que poderia ter um impacto muito maior se fosse colocado em prática em toda a organização.

Os dois primeiros testes foram compartilhados na base dos *use cases* da rede interna da organização, evitando que líderes de outras lojas acabem tentando a mesma solução em suas áreas, e gerando, dessa forma, aprendizado organizacional. É assim que cada teste cria valor, pois permite à empresa aprender com cada experimento.

Maria e sua equipe documentaram o novo teste seguindo o *template* proposto na empresa. Trata-se de uma ficha de uma página na qual são descritos o problema, a ação tomada e os resultados obtidos. Esse formato curto e objetivo, que não se perde em detalhes inúteis, é inserido na base de *use cases* com palavras-chave que facilitam a busca e a utilização das soluções propostas e seus resultados por outras lojas.

Os serviços de treinamento também acessam essa base para alimentar seus programas de formação. Por exemplo, o programa de treinamento em merchandising para novos chefes de departamento e gerentes de categoria vai apresentar como uma referência para a gestão de categorias o teste conduzido por Maria e sua equipe. Isso é motivo de orgulho e de motivação para Maria e toda a sua equipe, e as estimula a continuar pensando nos experimentos que serão lançados no futuro.

O teste também é destaque nas redes sociais internas da empresa. Maria e seus colegas foram entrevistados pelas equipes de comunicação interna da organização, e seus depoimentos foram divulgados na intranet. Com isso, o processo de T&L é promovido em toda a empresa para despertar em todos o desejo de tomar iniciativas idênticas e testar novas ideias, ajudando a fomentar a inovação. É assim que a cultura T&L vai se difundindo continuamente em toda a organização.

Agora que já vimos as etapas do T&L, os próximos capítulos apresentarão em detalhes cada uma delas, com exemplos concretos que permitirão a realização da metodologia na sua empresa.

CAPÍTULO 5

COMO DEFINIR ADEQUADAMENTE UMA PROBLEMÁTICA?

"O Test & Learn é uma ferramenta fundamental para as empresas se tornarem, de fato, ágeis!"

Laurent Ponthou, VP de Gestão da Inovação e Transformação, Orange

Louis é proprietário de três restaurantes do tipo *brasserie* na região parisiense. Empreendedor há mais de dez anos, Louis teve sucesso com seu primeiro restaurante, e depois abriu dois outros na capital francesa alguns anos mais tarde. Ainda que os pontos comerciais sejam diferentes, os restaurantes oferecem serviços similares, com destaque para os menus padronizados e revisados regularmente por Louis. Depois da crise da covid-19 e da reabertura (finalmente!) dos restaurantes, Louis se depara com uma questão complicada para todos os empresários do setor: o que fazer para os clientes voltarem ao restaurante? As perdas significativas sentidas durante a pandemia fizeram forte pressão sobre o fluxo de caixa da empresa. Louis precisa retomar o quanto antes os níveis de frequentação dos clientes que existiam antes da pandemia. Mas como conseguir isso?

Louis conversou com várias pessoas de seu círculo de amigos e conhecidos para chegar às melhores dicas que poderiam ajudá-lo a fazer os clientes voltarem a seus restaurantes. Existe a possibilidade de fazer promoções, dando destaque a uma redução de preço. Ele viu que outros restaurantes distribuíram cupons de desconto de 50% durante o almoço. Mas essa parece uma tática suicida, porque requer bastante investimento em termos de fluxo de caixa para os restaurantes. Louis também estuda a possibilidade de usar outras formas de promoção (por exemplo, uma parceria com a padaria da esquina), ou mesmo o lançamento de novos serviços (como um serviço de entrega em certas empresas nos arredores de seus restaurantes). Porém, depois de pensar bastante sobre as diferentes alternativas, Louis decide focar na publicidade como resposta ao seu problema principal: atrair clientes para os restaurantes. Ele só não tem certeza da melhor maneira de fazer essa publicidade. Além disso, depois da crise da Covid, o seu orçamento para investir em publicidade está visivelmente limitado. Enquanto avalia as opções disponíveis, sua esposa lembra que eles foram convidados para jantar na casa de amigos na noite desse mesmo dia. Durante o jantar, Louis ouve falar pela primeira vez do T&L.

Em vez de apostar em uma única abordagem de publicidade, Louis decidiu testar várias possibilidades para descobrir qual seria a mais eficaz para atrair clientes aos seus restaurantes. Para o primeiro estabelecimento, ele optou por distribuir panfletos em uma rua de grande circulação próxima ao restaurante. Os clientes que apresentassem o panfleto no restaurante teriam direito a um desconto de 10%. Já para o segundo restaurante, Louis escolheu um anúncio no aplicativo de trânsito Waze, com o mesmo conteúdo do panfleto. Por fim, o terceiro restaurante seria a base de comparação (grupo de controle) para medir o impacto relativo de cada uma das estratégias de publicidade escolhidas.

Agora resta saber qual das estratégias se mostraria mais eficaz para atrair clientes. Seria o panfleto distribuído nas ruas? Ou o anúncio no Waze? Ou, quem sabe, nenhum deles produziria resultados positivos comparados com o grupo de controle? Louis estava bem ansioso para colocar a estratégia T&L em prática, e estava confiante de que essa abordagem o ajudaria a tomar a melhor decisão para o seu negócio.

AS CARACTERÍSTICAS DE UMA PROBLEMÁTICA T&L

A primeira etapa de todo processo de T&L consiste em definir claramente a problemática que será objeto do teste. É uma etapa fundamental, pois determina tudo o que virá a seguir. Em muitas ocasiões (até demais), as falhas nos resultados de um T&L decorrem de uma problemática mal definida ou mal compreendida do projeto nessa fase inicial.

Uma boa problemática de T&L dispõe de quatro características fundamentais. Você pode confirmar se a sua problemática T&L é adequada se ela for:

- *Circunscrita*: uma boa problemática permite delimitar de forma satisfatória e clara o campo de ação do teste que permitirá responder ao problema que a organização apresenta;
- *Precisa:* uma boa problemática T&L propõe alternativas de ações precisas, todas elas visando responder ao problema;
- *Interessante*: uma boa problemática T&L será interessante se as hipóteses que se procura verificar não forem banais nem previsíveis demais;
- *Impactante*: uma boa problemática T&L deve também ser impactante, ou seja, sua resolução produzirá impacto relevante sobre os resultados da organização.

É fundamental passar a formulação da problemática pelo filtro dessas quatro características para garantir a sua qualidade e, em última instância, a própria qualidade do T&L.

Uma problemática circunscrita já propõe um princípio de resposta ao problema

Identificar uma boa problemática pressupõe não a confundir com o problema *business* que a organização precisa resolver.

No caso de Louis, por exemplo, o *problema* consiste em trazer os clientes de volta aos seus restaurantes, para ao menos recuperar o nível de receita pré-pandemia. Ele poderia pensar em todo tipo de soluções para resolver a questão, como criar eventos nos seus restaurantes ou distribuir cupons com descontos generosos. Mas decidiu usar, para esse fim, ações de publicidade *online* e *offline*. Como consequência, a *problemática* final de seu T&L passa a ser:

> Identificar qual dos dois canais de publicidade (online x distribuição física) é mais eficaz em atrair os clientes para os meus restaurantes.

A diferença salta aos olhos: uma boa problemática T&L já propõe de cara uma abordagem para resolver o problema da empresa. Ela delimita claramente as ações que poderão ser tomadas (publicidade online ou publicidade distribuída fisicamente) e cujos resultados serão comparados pelo teste.

Vamos retomar o exemplo do T&L na área de merchandising que desenvolvemos no Capítulo 4. Maria tinha um *problema* econômico claro a resolver: ela desejava aumentar a margem bruta de seu departamento. Em contrapartida, esse problema não era a *problemática* de seu T&L. Na verdade, existem várias alternativas que podem ser acionadas para produzir o resultado almejado: por exemplo, aumentar todos os preços do departamento, ou, ainda, retirar dele os produtos de margem reduzida, entre outras. Portanto, Maria deve definir uma problemática para seu T&L a fim de poder operacionalizar o teste. Essa escolha inicial determinará a maneira como ela tratará o problema. Dentre todas as opções possíveis que permitem obter um aumento da margem bruta de seu departamento, ela escolheu a de comunicar melhor ao cliente os benefícios que ele obteria se decidisse comprar um produto mais caro na mesma categoria de produtos – o que, no fim das contas, aumentará a margem bruta do setor. A problemática T&L de Maria se torna então:

> Testar se uma melhor comunicação dos benefícios que o cliente obteria em escolher produtos com uma margem melhor aumentaria as vendas desses produtos e, portanto, a margem bruta dessa categoria.

Uma problemática precisa

Uma boa problemática deve também ser precisa, ou seja, permitir a clara identificação das ações que se deseja testar. Quanto mais claramente a problemática definir as ações que serão implementadas, mais fácil será colocar em prática as outras etapas da metodologia do T&L.

Suponhamos que Louis tenha formalizado sua problemática T&L nos seguintes termos: "Verificar se as ações de marketing aumentam as vendas em meus restaurantes". Essa problemática é imprecisa. De fato, "ação de marketing" é uma expressão extremamente vaga e dúbia, deixando em aberto múltiplas interpretações possíveis sobre o que seria essa possível "ação de marketing": redução de preço, publicidade, degustação de produtos, cartões de fidelidade etc. Definir uma problemática *precisa* consiste em determinar as *ações precisas* a serem implementadas durante o teste. Em sua problemática final, Louis especifica claramente a ação de marketing que será implementada: um anúncio veiculado em dois canais diferentes (online e físico), cujos efeitos sobre a quantidade de clientes que virão ao restaurante serão comparados.

Da mesma forma, no exemplo dado acima, Louis não estaria formulando sua problemática T&L da melhor maneira, pois a expressão "aumentar as vendas" deve ser mais bem definida. De fato, o aumento das vendas pode ser resultado de vários elementos diferentes, como o aumento da quantidade de clientes do restaurante, o aumento do consumo feito pelo mesmo número de clientes que frequentam o restaurante ou, ainda, o aumento na frequência das visitas de um mesmo cliente. Ou seja, a problemática final do T&L de Louis precisa definir claramente seu objetivo, que nesse caso deveria ser aumentar a *quantidade de clientes* no restaurante. Dessa forma, a problemática T&L responde de forma precisa ao problema do negócio identificado por Louis.

Uma problemática interessante

A problemática T&L também tem que ser interessante. Se o assunto tratado for banal, ou se a resposta for tão óbvia que nós já conhecemos a resposta com antecedência, então não precisamos realmente de um T&L.

Se, por exemplo, Louis tivesse definido a sua problemática como "verificar se fazer publicidade aumenta a quantidade de clientes em meus restaurantes", ela teria um interesse bem limitado. De fato, graças a décadas de pesquisas, sabemos que publicidade atrai clientes. Por outro lado, para um pequeno comércio como os restaurantes de Louis, não é necessariamente óbvio saber qual canal de comunicação da publicidade (online ou offline) seria o mais efetivo e teria o maior impacto em atrair os clientes.

Para verificar se uma problemática T&L é pertinente, é importante informar-se previamente sobre o assunto que se deseja investigar, buscando conhecer o estado da arte e as pesquisas mais recentes na área à qual ela está relacionada: por exemplo, o que conhecemos sobre os efeitos da publicidade em função dos diferentes canais de distribuição utilizados para veicular essas publicações? Muitas vezes, é possível encontrar uma vasta literatura sobre os tópicos que estamos buscando entender, principalmente usando os recursos da internet. Nesse sentido, é importante sondar o conhecimento disponível – onde quer que ele esteja (fora ou dentro da organização) – antes de buscar implementar qualquer T&L.

O interesse aqui é conduzir um teste que faça sentido; não é ter que repetir trabalho que já foi realizado, testando hipóteses que já tenham sido verificadas no passado, nem questionar práticas comumente aceitas e amplamente difundidas em seu ramo de atividade. Nas empresas, o T&L deve ser uma ferramenta prática de auxílio à tomada de decisões. Mais vale deixar para pesquisadores aqueles processos de experimentação de caráter especulativo.

Outro exemplo pode nos ajudar a visualizar esse ponto. Imagine que Maria tivesse formulado sua problemática da seguinte forma: “Verificar se os investimentos publicitários em marcas com altíssimas margens aumentam a margem bruta da categoria de produtos”. Nesse caso, ela estaria com certeza chovendo no molhado. É possível claramente prever que investimentos publicitários significativos terão impacto sobre as vendas das marcas em questão e que, de forma mecânica e automática, provocarão aumento da margem bruta. Mas Maria não tem controle sobre os investimentos publicitários das marcas em questão. Por conta disso, tal informação não terá grande utilidade para ela. Por outro lado, a problemática da comunicação centrada na sua categoria de produtos, da forma que foi definida por ela, se mostra bem mais interessante.

Uma problemática impactante

Por fim, uma problemática T&L precisa ser impactante. A escolha entre as alternativas para agir deve levar ao teste daquelas cujo impacto potencial será mais relevante sobre o problema ao qual o T&L está propondo uma alternativa de resolução.

Louis, por exemplo, quer resolver o problema: "aumentar a quantidade de clientes nos meus restaurantes". Suponhamos que Louis tenha considerado que a decoração do restaurante poderia ter impacto na atratividade e, portanto, na quantidade de clientes que o frequentam. Ele poderia então elaborar sua problemática nestes termos: "Verificar o impacto de uma mudança na decoração no número de clientes que frequentam o meu restaurante". Entretanto, Louis tem urgência em trazer novos clientes para gerar receita rapidamente; nessas condições, a decoração seria um fator significativo e impactante no curto prazo para permitir aumentar rapidamente a quantidade de clientes? É bem provável que no curto prazo a decoração implique custos importantes e difíceis de assumir para Louis, fazendo com que o resultado no curto prazo seja potencialmente um fator bem menos impactante do que a abordagem adotada utilizando a publicidade. Entretanto, no longo prazo, quando as finanças da empresa e suas perspectivas comerciais forem mais positivas, Louis poderá perfeitamente testar o impacto da mudança na decoração sobre a clientela de um de seus restaurantes em comparação àqueles que não fariam nenhuma alteração (grupo de controle). Mas, no curto prazo, a ação publicitária adotada é mais impactante do que a decoração em relação ao objetivo pretendido.

A escolha pelas ações publicitárias mais impactantes costuma resultar de um processo progressivo de exclusão em meio a um campo de possibilidades. Maria, por exemplo, levou em consideração diversas opções antes de focalizar a escolha de uma comunicação voltada para os benefícios obtidos pelos clientes ao substituírem produtos de margem fraca por outros com uma margem forte dentro da categoria. Durante as conversas com a equipe, a hipótese de uma redução no preço dos produtos de margem elevada – como forma de aumentar as vendas dessas marcas – foi sugerida e rapidamente descartada, porque ela implicava um efeito nocivo sobre a margem bruta (já que os produtos com preço mais baixo durante a promoção gerariam uma massa de margem necessariamente menor), mesmo que as vendas pudessem aumentar no curto prazo. Mesmo levando em conta os efeitos futuros dessa promoção nos comportamentos – ou seja, os clientes que descobrem os novos produtos e continuam potencialmente a comprá-los mesmo depois que o preço desses produtos tiver retornado ao nível normal –, a equipe julgou que o impacto final dessa opção seria provavelmente menos significativo do que uma melhor comunicação centrada nos benefícios dos produtos com margem forte para o cliente. Esta última opção tem ainda a vantagem de não alterar em nada a estrutura de preços da categoria.

O impacto do resultado do teste é um fator-chave para a escolha das ações levadas em conta na problemática T&L. Ao se lançar um teste, é interessante encontrar maneiras de pôr em destaque as soluções que possam produzir os efeitos potenciais mais significativos possíveis para a empresa!

Identificar o indicador no qual o T&L deseja atuar

Não devemos esquecer uma dimensão importante da problemática: identificar com precisão sobre qual parâmetro o T&L deseja atuar. A problemática sempre inclui, portanto, a escolha do indicador principal de performance (ou KPI, de *Key Performance Indicator*) que deverá ser utilizado para determinar o sucesso ou fracasso de um teste. Toda problemática T&L deve identificar claramente o seu indicador principal de performance, que será o índice principal para determinar o sucesso do processo de T&L. Por exemplo, na problemática identificada por Louis para os seus restaurantes, está claro que o KPI determinante para o T&L é a quantidade de clientes no restaurante. Na problemática T&L de Maria, o KPI é a margem bruta da categoria no seu departamento.

Ainda que possamos utilizar outros fatores e métricas complementares para o teste, a identificação precisa do indicador-chave deve ser feita desde a etapa de definição da problemática, o que vai contribuir necessariamente para evitar qualquer dificuldade ou problema de interpretação nas etapas seguintes do T&L. A definição desse KPI é igualmente importante na medida em que ele permite manter o foco na essência do teste, nos ajudando a manter o rumo claro, mesmo quando o teste nos leva – a bem da verdade, com intenções louváveis – a querer ser criativos para refinar ainda mais o nosso experimento. Dessa forma, identificar claramente o KPI evita que nos dispersemos. Alguns exemplos de KPIs para as problemáticas T&L podem ser a satisfação do cliente, o volume de resíduos tratados, o número de participantes inscritos em um evento etc.

BOAS PRÁTICAS PARA ELABORAR UMA PROBLEMÁTICA

Certas empresas que aplicam o T&L sistematicamente desenvolveram boas práticas para garantir uma definição eficaz das problemáticas – etapa determinante para a elaboração de um T&L.

Uma das empresas mais avançadas em matéria de T&L é a gigante do comércio eletrônico Amazon. A empresa desenvolveu até mesmo um protocolo específico para selecionar e financiar os projetos T&L propostos pelos colaboradores e pelas equipes. Como forma de garantir que a problemática levantada realmente ajudará a empresa a resolver um problema para o cliente, a Amazon exige que cada projeto T&L comece pela elaboração de um *press release*. Esse modelo, ao contrário dos slides de PowerPoint, obriga a escrever as ideias com frases, parágrafos e sequências lógicas, o que demanda um esforço de clareza de raciocínio. Dessa forma, a ideia é desenvolvida "de trás para a frente", partindo dos resultados esperados, passando pelo método utilizado, até chegar às hipóteses formuladas. Isso permite se concentrar intensamente no cliente e garantir que o projeto crie valor para ele. Pois, se é verdade que qualquer um na Amazon pode sugerir e defender ideias, todas elas têm em comum o fato de serem centradas nos benefícios que poderão trazer ao cliente. Aliás, diz a lenda que, nos primórdios da empresa, Jeff Bezos deixava uma cadeira vazia em todas as reuniões de que participava para lembrar a suas equipes a presença constante do consumidor e, portanto, o significado implícito da reunião que estava sendo realizada[28].

Outra vantagem do *press release* da Amazon é que essa versão escrita permite às equipes que estão propondo o T&L receber feedback construtivo a fim de aperfeiçoarem sua problemática. Esse documento formalizado circula no interior da organização bem antes da execução do teste, permitindo identificar se há outros colegas interessados na investigação proposta ou se iniciativas semelhantes já foram realizadas dentro da organização ou não. Dessa maneira, o líder do projeto se informa sobre o estado da arte do assunto de seu interesse, a fim de tornar seu teste o mais pertinente possível. Assim, outras partes interessadas podem se envolver no teste ou colaborar para a sua realização. Por meio de trocas e iterações, o teste se coconstrói em modo colabo-

---

28. Les Echos, "Les deux pizzas, et autres leçons de leadership de Jeff Bezos", 12 de agosto de 2019.

rativo, o que contribui para torná-lo mais robusto. Ao mesmo tempo, é também dessa forma que o processo T&L se difunde e se populariza no âmbito da organização.

Em uma grande organização, um procedimento interessante para definir uma "boa" problemática e reunir todas as ideias adequadas à sustentação do experimento consiste em organizar um *Seminário T&L*. O líder do projeto organiza uma reunião de uma hora com as pessoas-chave necessárias para a realização do projeto e compartilha o *problema* a ser resolvido, bem como eventuais dificuldades já identificadas. Em seguida, em pequenos grupos (três ou quatro pessoas em cada subgrupo), os participantes pensam e propõem alternativas para resolver o problema do negócio e redigem uma proposta inicial de *problemática*. Os grupos compartilham as propostas de problemáticas, identificando claramente os KPIs de cada uma delas. O facilitador da reunião identifica os pontos convergentes nas apresentações e conduz uma síntese ao término do workshop. Dessa maneira, o líder do projeto consegue, em uma hora, o envolvimento e o engajamento de colegas que podem vir a ser essenciais para o futuro do projeto, além de elaborar uma problemática mais rica e interessante para o T&L, já que ela foi elaborada com a inteligência coletiva de várias pessoas.

Para as pequenas e médias empresas (PMEs) que dispõem de menos pessoas a mobilizar, há também alternativas para facilitar a identificação e seleção de uma problemática T&L: são os clubes profissionais e o envolvimento de perfis capazes de trazer novas perspectivas ou novas ideias (como estudantes de escolas de administração etc.). Um exemplo concreto desse procedimento é uma PME industrial com dificuldades para reduzir o absenteísmo na sua fábrica: ela compartilhou o assunto com outros empreendedores durante uma reunião de um clube de diálogos sobre o setor e, com isso, coletou sugestões sobre como resolver seu problema. Todas essas sugestões eram caminhos alternativos a partir dos quais a empresa poderia escolher as ações mais pertinentes que poderiam ser testadas no futuro. Também é usual que empresas de todos os portes entrem em contato com escolas de administração ou de engenharia para submeter um problema à apreciação de grupos de estudantes como forma de obter novas perspectivas de solução, ou mesmo ajuda para uma definição precisa da problemática e para a condução do teste. Uma empresa do setor da cultura tinha um problema de atração para o seu site na internet; ela colaborou com um professor de uma escola de administração para transformar seu problema em estudo de caso, que foi trabalhado pelos estudantes ao longo de um trimestre. Ao final desse projeto pedagógico, três novas versões do site da organização foram testadas de acordo com a metodologia T&L.

Elaborar a problemática coletivamente e formulá-la de forma precisa propicia uma outra vantagem: obter a adesão da liderança da empresa, especialmente do superior hierárquico da equipe que a propõe. Esse patrocínio pode ser essencial para o bom desenrolar do T&L, em especial para os projetos que dependem da alocação de um orçamento específico para a sua execução. Também é possível que o líder queira compartilhar o projeto com sua própria hierarquia, o que, ao mesmo tempo, é um bom sinal e permite buscar outros patrocinadores do projeto, facilitando potencialmente a liberação de novos recursos para este.

Entretanto, essa busca por um apoio hierárquico não pode ser um freio à rápida implantação do T&L, e, nesse ponto, a cultura da empresa desempenha um papel fundamental. Na ânsia de buscar o apoio de diversas partes interessadas, o líder do projeto corre o risco de se ver emaranhado em circuitos de validação numerosos e complexos, o que, obviamente, é contrário à rapidez de execução, que é a essência mesmo do T&L. Nesse caso, não se deve hesitar em rever a problemática de modo a restringi-la. Essa forma de se proceder facilita uma implementação mais rápida, pois o impacto será mais circunscrito, com menos pessoas a serem mobilizadas. Os resultados desse primeiro T&L, se forem promissores, permitirão depois trazer a bordo mais facilmente essas partes interessadas em um segundo T&L baseado em uma problemática mais complexa.

Um exemplo concreto pode nos ajudar a entender melhor esse ponto. Por exemplo, Maria poderia muito bem ter proposto a aplicação de seu T&L não apenas no seu departamento e em sua loja, mas também para o mesmo departamento em todas as lojas do varejista. Para isso, ela teria que passar por um circuito de validação muito mais extenso (equipes comerciais, equipes de marketing ou, talvez, até o grupo de direção do varejista). O tempo dedicado a essa etapa para convencer todos esses atores da organização teria sido longo e consumidor de energia, sem contar que Maria provavelmente não teria o poder de apresentar sua ideia aos diversos estratos hierárquicos da organização. É bem provável que rapidamente o projeto ficasse preso nas areias movediças da indecisão coletiva. Ao se limitar a um perímetro mais restrito (uma loja) em um período reduzido (algumas semanas), ela pode validar seu projeto diretamente com o diretor da loja e do departamento, avançando bem mais rapidamente. Na sequência, se os resultados forem positivos, ficará muito mais fácil para Maria convencer o diretor regional de fazer um T&L idêntico com todas as lojas do varejista na região, ou até mesmo em nível nacional.

Em uma grande organização, é necessário sempre ter em mente o equilíbrio entre embarcar a maior quantidade de pessoas possível na execução do teste e garantir a rapidez de sua execução. Moderar suas pretensões e ajustar a problemática ao perímetro que você sabe que tem condições de defender evita o risco de que o T&L se torne um projeto colossal e impossível de realizar. Ter conduzido um experimento bem-sucedido em pequena escala também possibilita ao líder de projeto reforçar a confiança nos resultados para todos os níveis hierárquicos que deverão ser convencidos, e isso será muito útil quando chegar o momento de demandar recursos para continuar a expandir o experimento dentro da organização.

Dicas para o simples e bem-feito

- Se não quiser redigir um *press release*, como faz a Amazon, descreva a problemática em uma frase. Esse será o seu fio condutor. Você não deverá jamais perder de vista a problemática ao longo de todo o projeto.
- Certifique-se o tempo todo de que o KPI do T&L esteja bem identificado na frase que resume a sua problemática.
- Nas grandes empresas, trabalhe a problemática no modo "inteligência coletiva" sem com isso perder tempo querendo incluir na discussão todas as partes interessadas.
- Sempre colete pelo menos alguns comentários a respeito da sua problemática T&L, mesmo daqueles ao seu redor. Você com certeza vai tirar algo de bom.

UM EXEMPLO CONCRETO DE APLICAÇÃO DO T&L NA ÁREA DA COMUNICAÇÃO INTERNA DE UMA GRANDE EMPRESA

Agora que colocamos em evidência os desafios e as etapas da construção de uma problemática T&L, bem como os pontos-chave que fazem uma boa problemática, vejamos outro exemplo que permitirá ao leitor consolidar os principais pontos da metodologia do T&L.

Najette é gerente do departamento de Comunicação Interna de uma grande empresa internacional. Ela está trabalhando na elaboração de uma nova forma de comunicação mensal que deve trazer insights de qualidade e de grande impacto para a direção geral da organização. Najette sabe que o tempo é a variável mais importante para essa população, e deseja produzir um documento sóbrio, direto e que lhes seja imediatamente útil para a tomada de decisão. Ela sabe também que essa comunicação deverá ser enviada mensalmente por e-mail, porque esse canal é (ainda) o mais utilizado pelos dirigentes dessa empresa. Os insights que deverão ser compartilhados são preparados pelo setor de previsão estratégica da empresa e, segundo uma rápida enquete com alguns diretores, esse tipo de comunicação (insights mensais) interessa à direção geral da empresa.

O maior problema de Najette é que a taxa de abertura de e-mails pelos dirigentes vem se reduzindo nos últimos tempos, já que todos os setores da empresa utilizam esse canal para se dirigir a eles. Najette pede à sua equipe que pense e traga diversas sugestões sobre o formato que essa comunicação poderia ter para que seja o mais eficaz possível. Durante a reunião, surgem três ideias principais:

- a primeira parece a mais tradicional: elaborar uma *newsletter* com elementos gráficos bonitos no início do e-mail, seguidos de três blocos formados de imagens atrativas posicionadas ao lado de um texto curto que ilustra cada insight, e um convite para clicar no link e saber mais a respeito do tópico;
- a segunda sugestão é parecida, uma *newsletter,* mas dessa vez sem imagens, para deixar o e-mail mais curto e direto;
- por fim, a terceira sugestão propõe abrir mão da ideia de *newsletter* com elementos gráficos e simplesmente escrever um e-mail direto sem diagramação, no qual os três insights apare-

ceriam de maneira completa, com um convite para clicar nos links em cada insight caso o líder queira obter mais informações sobre o insight apresentado.

Ao final da reunião, a equipe entra em acordo sobre a seguinte problemática: "Qual formato de e-mail produzirá a maior taxa de abertura e de cliques na nossa população-alvo?". Em seguida, um dos membros redige um breve documento:

- *Problema*: aumentar a taxa de leitura dos e-mails pelos líderes da empresa.
- *Problemática T&L*: qual formato de e-mail apresentando os insights do mês produzirá a maior taxa de abertura e de cliques na nossa população-alvo?
- *Solução*: criar três e-mails contendo as mesmas informações, mas com estruturas diferentes (*newsletter* tradicional, *newsletter* sem imagens e e-mail simples).
- *Ação:* envio de cada formato a um subgrupo da população de acordo com um método ainda a definir (e que será apresentado nos próximos capítulos deste livro).
- *Resultado*: o resultado esperado pelo grupo é que o formato de *newsletter* "clássico", com imagens, terá a maior taxa de abertura e de cliques.
- *Depoimentos de clientes*:
  - » "Achei as informações sobre os estudos e as conclusões muito claras e acessíveis, e o formato atraía a leitura."
  - » "Só de bater o olho já se viam as informações essenciais, e as imagens reforçam a mensagem central, o que facilita a assimilação do conteúdo."

» "Gostei muito da nova *newsletter*. Compartilho sempre com minha equipe para aperfeiçoarmos nossa tomada de decisão."

É interessante notar que o documento propõe uma visão de futuro, antecipando claramente uma hipótese sobre o resultado do teste: o formato *newsletter* é o que produziria potencialmente o melhor resultado. Mas essa hipótese provou ser exata? Você vai descobrir ao continuar a leitura. Porém, independentemente do resultado em si, o fato de construir esse documento imaginando quais seriam os resultados, imaginando até mesmo os depoimentos dos clientes, permite à equipe permanecer focada na finalidade da problemática, que é a satisfação do cliente (interno ou externo).

Em seguida, cada membro da equipe teve a missão de divulgar esse documento para três pessoas da empresa, a fim de obter o retorno e os pontos de melhoria. O documento também serviu para Najette compartilhar o T&L com seu superior hierárquico, para obter apoio e feedback. Por se tratar de um assunto restrito e de baixíssimo risco, o *teste* não precisou de nenhum patrocinador em especial, o que permitiu que fosse implementado rapidamente. Após a inclusão de alguns feedbacks, a problemática foi tida como definitiva, e a equipe passou à execução do T&L.

CAPÍTULO 6

CRIAR E APLICAR O TESTE

"A abordagem Test & Learn é indispensável a todas as empresas que desejam ser de fato inovadoras no mundo do amanhã!"

Rami Baitieh, CEO Morrisons

Após identificarem a problemática a ser tratada, é o momento de Najette e sua equipe elaborarem o teste. Lembremos que a problemática consistia em identificar o formato de e-mail que produziria a mais alta taxa de abertura e de cliques pelos líderes da organização a partir das mesmas informações e insights. Os três formatos propostos eram: uma *newsletter* tradicional, uma *newsletter* sem imagens e um e-mail simples. A hipótese de resultado da equipe é que o formato *newsletter* tradicional produziria a taxa de abertura e de cliques mais alta das três opções.

Uma primeira discussão é lançada para saber se as informações contidas em cada tipo de e-mail devem ser similares ou diferentes, bem como se o texto (mais ou menos detalhado) e os títulos devem variar segundo cada formato de e-mail que será enviado. Da mesma forma, é necessário variar o assunto do e-mail, que é a primeira (e talvez a única) informação que o diretor lerá. Mas logo fica claro que, se a equipe optar por variar diversos parâmetros ao mesmo tempo, será impossível saber com exatidão o que terá causado o resultado observado: o formato do e-mail ou algum dos outros parâmetros citados? É tomada então a decisão de publicar o mesmo e único conteúdo – sem nenhuma outra variação – utilizando os diferentes formatos em questão. Nesse caso, qualquer diferença na taxa de abertura ou de cliques nos e-mails será devida unicamente ao seu formato.

A fim de abranger todos os países do grupo, um integrante da equipe sugere enviar os e-mails aos dirigentes de três países diferentes, sendo que cada formato seria enviado a um só país. Mas os outros membros da equipe discordam, argumentando que essa proposta poderia criar a mesma dificuldade anterior na leitura dos resultados: não se saberia se eles se devem à diferença no formato dos e-mails ou a fatores culturais próprios de cada país. Outro membro da equipe propõe enviar cada formato de e-mail a um número maior de pessoas do que o previsto inicialmente para que se tenha maior representatividade estatística. A equipe então decide enviar o e-mail a trezentas pessoas, que serão escolhidas aleatoriamente a partir da lista completa dos diretores da empresa, e subdivididas em três grupos de cem pessoas, cada uma recebendo um dos tipos de e-mail.

PREPARAR E IMPLEMENTAR O TESTE

A elaboração e a implementação do teste representam uma etapa crucial do T&L. Nessa fase, é necessário definir com precisão as variáveis a serem testadas, além de examinar todos os parâmetros que permitem assegurar a comparabilidade entre as condições do teste e aquelas do grupo de controle (e de identificar, *inversamente*, todos os fatores que possam vir a interferir nessa comparabilidade).

Mais precisamente, para construir e implantar um T&L de maneira eficaz, será necessário:

- Definir a variável independente: determinar a solução que será testada – também conhecida como variável causa –, ou seja, identificar como determinar as ações concretas necessárias para manipular a variável independente.
- Definir a variável dependente: consiste em determinar como será medido o indicador-chave de resultado (KPI) do teste, que é também chamado de *variável dependente*.
- Tornar as condições comparáveis: consiste em realizar todas as ações possíveis para garantir a comparabilidade entre as situações, como a definição de um grupo de controle e a redução das influências exógenas que poderiam vir a distorcer os resultados. Dessa forma, a única explicação possível de uma mudança no estado da variável dependente seria atribuída exclusivamente a uma mudança na variável independente.

VARIÁVEL INDEPENDENTE E DEPENDENTE

A *variável independente* é aquilo que se deseja testar. É essa variável independente que causa o efeito esperado no KPI do nosso teste. Diz-se, igualmente, que a variável independente é a causa que provoca o efeito (o KPI) em um experimento. Por exemplo, no caso de Maria, a variável independente é a nova sinalização mostrando ao cliente os benefícios de compra de produtos com maior valor agregado na categoria. Essa sinalização pode estar presente (como na loja de Maria, durante o teste) ou ausente (como nas duas lojas de controle). No caso de Najette, a variável independente é o formato do e-mail (1 – *newsletter* com imagens, 2 – *newsletter* sem imagens, ou 3 – e-mail simples). Há alguns pontos de atenção a observar para construir adequadamente sua variável independente durante o preparo do experimento. Retomaremos esse ponto posteriormente.

A *variável dependente* é o parâmetro medido resultante da ação implantada. É o efeito provocado pela causa (a variável independente) e é representada pelo indicador que será utilizado para determinar o resultado do teste (o KPI). No exemplo de Maria, trata-se da margem bruta da categoria, a ser medida diretamente em reais. No exemplo de Najette, os KPIs são a taxa de abertura do e-mail e o número de cliques nos links incluídos no corpo da *newsletter* ou do e-mail.

A *comparabilidade* entre as condições de experimentação e as do grupo de controle repousa em um conjunto de elementos que devem ser levados em conta para garantir que os resultados observados na variável dependente (o KPI) sejam exclusivamente devidos à nossa variável independente (aquilo que estamos testando), e a nada mais além disso! Aqui, ainda, temos dois pontos de vigilância que apresentaremos mais tarde.

A variável independente: aquilo a ser testado

A variável independente é aquilo que se deseja testar. Ela é a causa que provoca o efeito no nosso experimento. A variável independente se apresenta em dois ou mais níveis, e isso determina o tipo de teste que realizamos. Em um teste A/B, a variável independente tem dois níveis (por exemplo, preço em dois níveis, alto *vs.* baixo; ou o banner em um site da internet em dois níveis: presente *vs.* ausente). Em um teste A/B/C, a variável independente terá três níveis (por exemplo, a *newsletter* da Najette, com três níveis: *newsletter* tradicional com imagens, *newsletter* sem imagens e e-mail simples).

É preciso, portanto, ter certeza de que a manipulação dessa variável (ou os diferentes níveis que a variável independente deve assumir) esteja bem integrada no teste e percebida pelos clientes. Além disso, essa manipulação não deve afetar parâmetros que poderiam estar ligados a outras dimensões da variável independente. Por exemplo, no caso de Maria, a ideia é que a nova sinalização explique os benefícios que o cliente terá se ele comprar um produto mais caro dentro da mesma categoria. Mas Maria cometeu um erro: ao escrever uma mensagem informativa sobre as vantagens dos produtos mais caros dentro da categoria, ela destacou claramente o nome da marca. Ao fazer isso, essa comunicação deixou o cliente mais sensível e atento à marca (e a todo o imaginário que ela provoca) e não somente aos benefícios trazidos pelo produto e que foram descritos ao mesmo tempo na sinalização. Por consequência, ela terá dificuldade de saber se o resultado produzido se deve à nova sinalização ou ao poder das marcas que foram colocadas em destaque. A equipe deve, portanto, rever o texto, reorientando a mensagem exclusivamente aos benefícios dos produtos e retirando ao máximo o efeito ligado à força das marcas utilizadas no teste.

Algumas vezes, uma maneira de garantir que a variável independente cumpra bem seu papel é simplesmente perguntar ao cliente antes do teste principal. Chamamos isso de "pré-teste".

Por exemplo, depois de preparar a peça de comunicação que explica os benefícios ao cliente de escolher produtos com maior valor agregado, Maria pode simplesmente testar se essa comunicação realmente ajuda os clientes a compreender melhor os benefícios que cada produto pode oferecer. Em um procedimento mais científico, Maria poderia fazer um pré-teste, portanto, antes do teste principal, no qual pediria que uma pequena amostra de consumidores respondesse à afirmação "Eu conheço muito bem os benefícios específicos que cada produto presente nesta lista me oferece" tendo como referência uma escala entre 1 e 10, em que 1 corresponde a "Discordo totalmente" e 10 a "Concordo totalmente". A equipe de Maria mostraria esse pré-teste a vinte clientes, que responderiam à pergunta imediatamente depois de terem lido essa comunicação. Maria poderia então comparar a média de respostas com as respostas de outros vinte clientes que não foram expostos à nova sinalização que explica os benefícios de produtos com maior valor agregado. A média das respostas dos clientes que viram a sinalização sobre os benefícios foi altamente superior (média de 8,6 sobre 10) à média dos clientes que não viram essa sinalização mas responderam à mesma pergunta (média de 5,3 sobre 10). Isso implica que os clientes que viram a sinalização sobre os benefícios dos produtos com forte valor agregado tiveram uma melhor compreensão dos benefícios dos produtos do que os clientes que não viram essa sinalização (o que não significa, porém, que vão comprar o produto – o que seria testado mais tarde). Esse procedimento prévio ao teste é chamado de "verificação da manipulação" no contexto de um experimento.

Essa etapa nem sempre é necessária, mas é importante compreender que, algumas vezes, o resultado obtido não é fruto da nossa variável independente, ou seja, daquilo que realmente queríamos testar. Ele pode ter sido influenciado por outro fator oculto que não havíamos levado em consideração (nesse caso, a marca dos produtos utilizados).

Em resumo, Maria constatou uma diferença entre os vinte clientes selecionados aleatoriamente que viram a sinalização explicativa e os vinte clientes do grupo de controle (que não viram a sinalização explicativa) durante o pré-teste. Aqueles que viram a sinalização explicativa de comunicação declararam que tinham uma melhor compreensão dos benefícios que os produtos traziam para o cliente. Portanto, ela pode concluir que a sinalização explicativa de comunicação cumpre o seu papel e que poderá ser a principal causa dos efeitos observados sobre a variável dependente durante o teste que será realizado. Agora Maria está pronta para implementar o teste.

Variável dependente: o indicador do efeito da ação

Se a variável independente representa sempre aquilo que queremos testar (a ação ou intervenção que vamos testar), a variável dependente é o indicador sobre o qual desejamos atuar. A variável dependente é assim chamada por depender da atuação da variável independente durante o teste. Ela representa o resultado que buscamos obter, e precisa ser definida claramente na problemática do T&L. Para Maria, a variável dependente é a margem bruta da categoria; para Najette, é a taxa de abertura dos e-mails e a taxa de abertura de cada link da sua nova *newsletter*.

A variável dependente precisa estar bem identificada na problemática, pois é um elemento decisivo durante a realização do teste. A variável dependente pode não ser a única medição efetuada no teste, mas é ela, sem dúvida alguma, que justifica a própria existência do teste. Por exemplo, valendo-se da mesma variável independente (a sinalização com os benefícios dos produtos mais caros), Maria poderia medir uma outra variável dependente (como o volume de vendas da categoria). Mas isso não lhe traria nenhuma informação sobre a margem bruta de seu departamento, que é exatamente o motivo central da realização desse teste. Essa diferença é facilmente compreensível, pois eventual aumento do volume de vendas pode levar até mesmo a uma redução na margem bruta da categoria caso o crescimento em volume seja atribuído a vendas de produtos com margens baixas, ou mesmo negativas. Se Maria tivesse tido o objetivo de aumentar o volume de vendas de seu departamento, ela deveria ter elaborado outra problemática, e provavelmente outro mecanismo de ação, em lugar de uma comunicação voltada para os benefícios dos produtos com maior valor agregado.

É preciso também poder *medir* a variável dependente. Ainda que medir o KPI seja relativamente simples para indicadores numéricos como as vendas, alguns KPIs podem ser muito mais complicados de medir. Por exemplo, quando se trata de medir fatores imateriais ou psicológicos, como a percepção de qualidade do atendimento ao cliente ou, ainda, o engajamento dos colaboradores em relação à empresa na qual trabalham. Nesses casos, deve-se chegar previamente a um acordo sobre a maneira de medir o indicador qualitativo para poder realizar o teste. Esses indicadores costumam ser medidos fazendo-se perguntas sobre opiniões ou atitudes das pessoas, e na maioria das vezes baseando-se em escalas que permitem tornar uma medida qualitativa em uma medida quantitativa que poderá ser analisada. É fundamental, portanto, definir o método a ser utilizado tanto para definir o indicador quanto para mensurá-lo.

Imaginemos a seguinte situação: Najette apresenta os resultados de seu T&L com uma taxa de cliques mais significativa para a *newsletter* completa (opção 1) na comparação com as outras opções testadas. No momento de fazer o balanço do teste, seu superior hierárquico quer saber se os usuários (os dirigentes da empresa), além do comportamento de clicar mais frequentemente nos links enviados, também estão mais satisfeitos com essa versão da comunicação. Essa demanda parece legítima, visto que a taxa de satisfação poderia fornecer indicações sobre o conteúdo da *newsletter* que poderia ser enviado no futuro. Caso ela não tenha incluído essa dimensão na fase preparatória do teste, Najette ficaria em uma situação desconfortável, pois não teria pensado em incluir no seu T&L outro KPI, como o Net Promoter Score®[29] (NPS)[30] ou outra medida qualquer da satisfa-

29. Net Promoter Score e NPS são marcas registradas de Bain & Company, Inc., Satmetrix Systems, Inc. e Fred Reichheld.

30. O Net Promoter Score é um indicador da satisfação do cliente por meio da nota atribuída por um indivíduo ao responder à seguinte pergunta: "Qual é a probabilidade de você recomendar este produto ou serviço a um amigo?" em uma escala de 0 a 10. A nota permite classificar os clientes em três categorias: promotores, neutros, detratores.

ção dos clientes – ficando na impossibilidade de responder ao pedido de seu superior hierárquico.

COMPARAÇÃO E COMPARABILIDADE DE GRUPOS

Para que um teste seja conclusivo, é necessário comparar o resultado obtido por meio dele com uma situação neutra, na qual nada de diferente tenha ocorrido.

Pois bem: a maioria dos testes em empresas ainda se contenta em realizar uma ação e, em seguida, medir os resultados em valor absoluto dessa ação, sem fazer comparações com um grupo de controle. É o que se chama de *piloto*. Por exemplo, um novo produto é incluído no portfólio, e deseja-se saber se ele vende bem. Elabora-se um novo treinamento, que é então aplicado a um grupo de participantes, aos quais se pergunta se estão satisfeitos. Altera-se o preço de um produto e observam-se as vendas dele. São esforços louváveis, que já demonstram um apetite por um processo de experimentação. No entanto, eles trazem pouco ensinamento: não se sabe o que teria acontecido se a ação em questão não tivesse sido realizada. Quais teriam sido as vendas dos demais produtos caso o produto novo não tivesse sido inserido no portfólio? A satisfação dos participantes teria sido a mesma se não houvesse nenhuma mudança no treinamento? Como teriam ficado as vendas se não houvesse alterações no preço do produto?

Para reforçar a relevância do seu teste, existem *várias formas de comparação*.

Antes e depois. A mais frequente é a chamada comparação "Antes/Depois". Os resultados *após* a intervenção são medidos e comparados ao que havia *antes* da intervenção. Esse tipo de teste é interessante, mas traz, geralmente, várias fontes de "ruídos" ou outros fatores capazes de explicar os resultados, o que costuma reduzir sua confiabilidade.

A/B/C/D/*n*. Outro procedimento consiste em *aplicar intervenções diferentes em grupos diferentes*, comparando os resultados obtidos nos vários grupos. É esse o caso de Najette, que aplica três soluções de e-mail distintas a três grupos diferentes e observa a solução que produz o melhor resultado.

Grupo de controle. Por fim, a terceira solução, considerada aquela que fornece o maior grau de confiabilidade (a mais "científica", poderíamos dizer), é a comparação com um *grupo de controle*. Faz-se uma intervenção no grupo A e nenhuma outra no grupo B, a fim de medir com precisão os efeitos dessa intervenção.

Em que medida a presença de um grupo de controle transmite confiabilidade ao teste? Basta recordar o doutor Lind e seus resultados contraprodutivos na luta contra o escorbuto em razão da falta de um grupo de controle (ver Capítulo 2). Vamos a outro exemplo do que pode vir a ocorrer quando não se dispõe de grupo de controle com o qual comparar os resultados obtidos: o Yahoo queria testar se os anúncios gráficos presentes nos sites aumentavam as buscas sobre as marcas citadas ou sobre palavras-chave referentes a essas marcas[31]. O teste de observação apontava que os anúncios aumentavam a quantidade dessas pesquisas de maneira espetacular (da ordem de +871% a +1.198%), o que levou o Yahoo a refazer o teste com um grupo de controle, quando

---

31. Exemplo mencionado em Ron Kohavi e Stefan Thomke, "The Surprising Power of Online Experiments. Getting the most out of A/B and other controlled tests", *Harvard Business Review*, setembro-outubro 2017.

então o aumento nas buscas após os anúncios não passou de +5,4%. Sem esse protocolo, o Yahoo poderia ter deduzido que os anúncios tinham um impacto extraordinário, sem perceber que o aumento das buscas durante o período de observação se devia, provavelmente, a outros parâmetros alterados simultaneamente nesse período.

É possível, também, combinar métodos diferentes de comparação. No teste em loja, por exemplo, Maria compara sua margem bruta *antes e após a implantação da comunicação sobre os benefícios dos produtos*, o que, por si só, corresponde a um teste "antes/depois". Mas ela não se dá por satisfeita, e inclui no processo o acompanhamento da evolução da margem bruta em lojas similares (grupo de controle) *onde a sinalização sobre os benefícios dos produtos com forte valor agregado não foi implementada*, como forma de evitar qualquer ruído externo que pudesse vir a impactar os resultados do seu teste.

O que poderia ter ocorrido se Maria tivesse se limitado a um teste "antes/depois"? No momento em que o teste foi iniciado na loja de Maria, uma rede concorrente lançou uma promoção dos produtos da mesma categoria de seu departamento. Essa promoção produziu, obviamente, um impacto negativo nas vendas do departamento de Maria (com os consumidores se dirigindo à rede concorrente para aproveitar a promoção), e, por consequência, a margem bruta de seu departamento diminuiu. Se Maria tivesse se contentado com o método "antes/depois" sem grupo de controle, ou seja, se ela tivesse se limitado a comparar o resultado da margem bruta após a instalação da comunicação visual com o resultado antes dessa nova sinalização, teria sido impossível saber se o efeito negativo observado se devia ao fato de que sua nova comunicação não teria nenhum efeito ou ao impacto da promoção da rede concorrente. Em contrapartida, ao incluir outras lojas similares em seu grupo de controle, todas sujeitos à mesma promoção da rede concorrente, ela pôde neutralizar os efeitos da promoção e isolar os efeitos de sua iniciativa na margem bruta na comparação com a margem bruta das outras lojas no mesmo período. Por exemplo, se a margem bruta de seu departamento tivesse se reduzido somente em 1%, ao passo que a queda tivesse sido de 15% nas lojas de controle (que não tinham a sinalização), teríamos então um forte indício do efeito benéfico de sua iniciativa, independentemente dos efeitos da promoção da rede concorrente. Uma conclusão como essa não teria sido possível se a elaboração do teste não tivesse incluído as lojas de controle.

Porém, para que as comparações possam ser pertinentes, é preciso ainda levar em consideração um outro ponto: garantir a *comparabilidade* dos grupos que são objeto do teste. Os grupos escolhidos devem ser comparáveis em todas as suas dimensões, e os participantes, selecionados, de preferência, em um dos grupos totalmente *ao acaso*. É esse o sentido da palavra *randomizado* na expressão "estudo randomizado controlado", ou ERC. Essa é a base de um procedimento científico que visa excluir as outras possíveis explicações para as variações na variável dependente (ou no KPI) do teste.

A ideia central é que uma eventual diferença observada na variável dependente (o KPI) só possa ser atribuída à ação única do teste (a manipulação da variável independente), e a nenhum outro fator. Por exemplo, se Maria comparasse os resultados de sua loja com os de uma loja muito menor e em uma área com características sociodemográficas bem distintas (com maior taxa de desemprego, por exemplo), os resultados poderiam ser bem distorcidos. Dessa forma, Maria não saberia se o resultado positivo do aumento da margem bruta (variável dependente) observado na loja de teste seria devido à implantação da sinalização (variável independente) ou ao fato de que na loja de controle o comportamento de compra dos clientes é sistematicamente orientado à escolha de produtos de preço baixo, devido, principalmente, à alta taxa de desemprego na região.

Outro exemplo pode ilustrar a importância de uma boa comparabilidade entre os grupos. Uma empresa global quer avaliar duas plataformas de comunicação colaborativa para trabalho remoto com seus colaboradores. Para isso, ela decide testar cada uma das plataformas em países diferentes: a plataforma A no Peru, e a plataforma B na Coreia do Sul. Os resultados mostram um engajamento e um nível de satisfação dos empregados muito maiores na plataforma B, que é, então, escolhida e implementada em todos os países do grupo. No entanto, apesar dos resultados do T&L, muitos colaboradores se queixam do desempenho medíocre e das dificuldades no uso prático da plataforma B. Será que o teste trazia algum viés? É sempre fácil apontar *a posteriori* as falhas na concepção de um teste e ressaltar seus vieses: a qualidade da rede de internet era sem dúvida melhor na Coreia do Sul do que no Peru; ou, ainda, os sul-coreanos já sabiam utilizar esse tipo de plataforma, e os peruanos, não; ou então os latino-americanos têm mais necessidade de contato social do que os asiáticos, o que se reflete em uma avaliação negativa do uso desse tipo de ferramenta, e assim por diante. Existem várias explicações alternativas aos resultados. O que esse exemplo nos lembra é que é sempre importante antecipar possíveis vieses na homogeneidade dos grupos testados que podem impactar fortemente a confiabilidade dos resultados do teste.

De maneira geral, é importante lembrar que a presença de um *grupo de controle* facilita a comparação e reduz o risco de vieses.

OS PEQUENOS DETALHES QUE PODEM FAZER UMA IMENSA DIFERENÇA

Para realizar um T&L eficaz, é preciso pensar em uma série de detalhes. Um dos pontos importantes é identificar a duração necessária para o teste. Ao longo dele, é também necessário que a equipe saiba se organizar para reagir diante dos imprevistos que possam comprometer os testes, e que cada um conheça o seu papel.

Duração. A duração do teste vai depender essencialmente do número de interações do grupo-alvo do teste com a variável independente. Se o conceito do teste previr um pequeno número de interações por dia, será necessário um período de testes mais longo. Suponhamos que você seja proprietário de uma imobiliária independente. Você quer verificar a possibilidade de vender um seguro residencial multirriscos a cada venda de imóvel que efetuar. Ora, a venda de um imóvel leva tempo. Um teste dessa natureza pode se estender por várias semanas ou meses. Em contrapartida, se a natureza do teste permite muitas interações, ele pode ser realizado em poucas horas. Se o Facebook quiser testar um novo tipo de banner de anúncios em seu site, bastará que ele redirecione uma parcela dos clientes para a nova página, enquanto os demais clientes continuarão a ser direcionados para a página tradicional (formando, assim, o grupo de controle). Tendo em vista o volume de interações registradas pelo Facebook, alguns minutos, ou mesmo segundos, devem ser suficientes para começar a coletar dados conclusivos sobre a eficácia do novo banner de publicidade.

A duração do teste pode também ter como objetivo mitigar os fatores que possam interferir nos resultados. Por exemplo, Maria e sua equipe resolveram estender o teste por quatro semanas, pois a semana que havia sido programada inicialmente era a primeira do mês, que é quando os clientes acabam de receber o salário e tendem, portanto, a gastar mais: esse fenômeno também poderia distorcer os resultados.

Imprevistos. Como mencionamos, existe um grande número de efeitos externos com o potencial de poluir os resultados. A própria concepção do teste visará a minimizar esses imprevistos que poderiam complicar a interpretação dos resultados. É necessário, portanto, antecipar-se a eles. No caso de Maria, por exemplo, vimos que ela não teve dificuldades de excluir o fato de que uma rede varejista concorrente lançou uma promoção para a sua categoria de produtos durante o mesmo período de seu teste, pois ela já tinha escolhido um método de teste com lojas de controle, o que facilita a neutralização dos efeitos dessa promoção. De forma similar, Maria soube que obras em uma rua adjacente dificultariam um pouco o acesso à sua loja durante o período de realização do teste. De posse dessa informação, ela adiou o teste por alguns dias para escapar desse efeito exógeno que poderia impactar a confiança nos seus resultados.

Papéis. É igualmente importante saber identificar os papéis de cada um durante a implementação do teste, seja para evitar esforço repetitivo nas tarefas, seja, do contrário, para evitar que alguém assuma uma tarefa importante. Por exemplo, Maria quase se esqueceu de mandar integrantes de sua equipe regularmente até as lojas de controle para garantir que não houvesse fatores exógenos que também pudessem exercer impacto similar sobre o teste: por exemplo, vários tipos de obras viárias na frente da loja poderiam dificultar o acesso a ela, ou, ainda, alguma manifestação poderia tumultuar a entrada ao centro comercial durante algum tempo. Esses exemplos são todos fatores que podem ter impacto sobre os resultados observados (a variável dependente) e devem, portanto, ser cobertos por um membro da equipe durante o período do teste.

É preciso também garantir que toda a equipe envolvida no teste tenha uma compreensão compartilhada da forma como ele será conduzido. Vamos imaginar, por exemplo, que alguns membros da equipe de Maria tenham entendido que a comunicação dos benefícios aos clientes seria garantida não apenas pelo suporte de comunicação explicativo exposto no departamento, mas também pela presença de um vendedor no local para explicar o processo ao cliente. Tal situação criaria uma confusão no momento de ler os resultados do teste. Maria não saberia mais qual variável independente teria atuado no resultado: a comunicação impressa no ponto de venda ou o discurso do vendedor para o cliente.

Vimos que a elaboração e a implementação do teste são fases importantes cujo planejamento deve ser conduzido com a maior atenção, para não comprometer os resultados e a confiança do teste. Contudo, é igualmente importante não tornar o processo demasiado complexo ou burocrático. *Keep it simple!* Lembre-se de que um teste imperfeito colocado em prática é sempre melhor que um teste perfeito na teoria, mas que fica apenas no papel.

Dicas para o simples e bem-feito

- Garanta que toda a equipe tenha uma compreensão adequada da operacionalização de todas as variáveis envolvidas no teste. Um mal-entendido sobre a forma como um dos parâmetros deve ser acionado pode levar à invalidação completa do teste.
- Assegure a presença de um grupo de controle da melhor qualidade. Acontece de forma muito frequente na aplicação do T&L o descuido na escolha de um bom grupo de controle.
- Dê o salto, mesmo que nem tudo esteja perfeito. Nas nossas empresas, ainda mais nas menores, nem sempre temos todos os meios de limitar todas as fontes de interferência no teste, e isso não é motivo para não testar. Preservar certa humildade na leitura dos resultados possibilita colocar qualquer organização em um processo de aprendizagem permanente e melhoria contínua, o que é sempre positivo.

O QUE APRENDEMOS? A ELABORAÇÃO E A IMPLANTAÇÃO DO T&L DE LOUIS

Vamos recordar o caso de Louis. O problema dele era trazer mais gente para os restaurantes com a reabertura pós-covid-19, e a problemática era comparar a eficácia relativa de dois modos de veiculação de publicidade (offline e online) para aumentar o número de clientes que vinham aos seus restaurantes e, por consequência, sua receita.

Com um orçamento apertado, ele pensou em duas campanhas: uma delas baseada na distribuição de panfletos em uma rua movimentada próxima ao restaurante, com um desconto de 10% para os clientes que fossem ao estabelecimento de posse desse panfleto; a outra, idêntica em matéria de conteúdo, ou seja, mesma programação visual e mesmo desconto de 10%, seria veiculada online no aplicativo Waze. Quando um cliente passa próximo ao segundo restaurante de Louis, um pop-up aparece no aplicativo e o convida a conhecer o lugar, oferecendo um desconto de 10%. No terceiro restaurante, Louis decidiu não fazer nenhuma comunicação em particular, a fim de usá-lo como base de comparação (grupo de controle) e, assim, medir a eficácia relativa de cada meio de difusão (online *vs.* offline) de seus anúncios promocionais.

O leitor atento perceberá que o fato de ter três restaurantes foi perfeito para que Louis pudesse testar as duas modalidades de promoção e compará-las a um grupo de controle. Porém, mesmo com um só restaurante, Louis ainda poderia se envolver em um processo de T&L. Nesse caso, a elaboração do teste teria que ser diferente, e certos vieses de interpretação dos resultados teriam que ser levados em conta. Com apenas um restaurante, Louis poderia começar executando o teste durante duas semanas com a veiculação de anúncios offline e medir se o público de seu restaurante era maior do que nas semanas anteriores (antes/depois). Em seguida, ele poderia refazer o teste durante outras duas semanas veiculando o anúncio online no Waze e comparando o resultado de público com o das mesmas duas semanas em que não houve nenhuma publicidade, mas também com as duas semanas da distribuição do panfleto. É verdade que diversos vieses poderiam influenciar o resultado, mas Louis ainda assim teria uma boa ideia da eficácia comparada dos dois meios de distribuição da promoção de vendas, o que seria melhor do que pensar em um plano metodológico perfeito, mas muito difícil de se colocar em prática, levando-o talvez a não fazer nada.

Para poder contar com o restaurante de controle, Louis teve que adiar a data do teste. Ele descobriu que a prefeitura havia agendado obras de manutenção na praça que dava acesso ao seu terceiro restaurante, aquele que ele queria usar como grupo de controle comparativo. As obras deveriam durar três dias. Por garantia, Louis adiou a data do teste em duas semanas, como forma de contornar o fator exógeno que poderia ter efeito perturbador no momento da análise dos resultados. Ele também verificou que esse restaurante era similar aos outros dois em termos de clientela e nível de venda. Levar em conta esses fatores permite garantir que as diferenças nos resultados dos restaurantes em termos de número de clientes possam ser atribuídas apenas à diferença nas campanhas publicitárias, e não a outras diferenças entre os restaurantes em si mesmos.

Louis também cuidou para que os anúncios tivessem exatamente os mesmos elementos nas versões online e offline (variável independente). Afinal, se um dos anúncios oferecesse um desconto de 10% e o outro não oferecesse desconto nenhum, Louis não teria condições de saber qual variável independente teria provocado os resultados observados: a modalidade de veiculação (online ou offline) ou a redução do preço em um caso e não no outro.

A variável dependente e a maneira de medi-la foram, portanto, definidas claramente por Louis. Como a variável dependente era o número de clientes, bastava contabilizar o número de clientes que foram ao restaurante em cada um dos dias durante o período do teste.

Enfim, a duração do teste também foi determinada. A operação vai durar três semanas, ou 21 dias, no decorrer dos quais todos os restaurantes registram diariamente o número total de clientes atendidos.

Louis tem pressa de conhecer os resultados. E vai se surpreender!

CAPÍTULO 7

ANALISANDO OS RESULTADOS

"O Test & Learn enriquece a gama de ferramentas que tornam nossas empresas mais ágeis e inovadoras.

Frank Bournois, vice-presidente e reitor - China Europe International Business School (CEIBS)

Com os testes concluídos, chegou a hora de analisar os resultados! É uma etapa muito empolgante, pois representa a chegada de um caminho longo somando todos os esforços postos em prática até então.

Louis está realmente intrigado ao ver os resultados do seu teste. Ele conferiu e reconferiu os resultados dos três restaurantes, e eles não parecem "bater". De fato, as diferenças entre os três restaurantes são muito pouco significativas. Para visualizar e poder comparar de maneira clara os resultados dos três restaurantes, Louis elaborou um gráfico simples (Figura 7.1).

Figura 7.1 – Número médio de clientes por dia nos três restaurantes

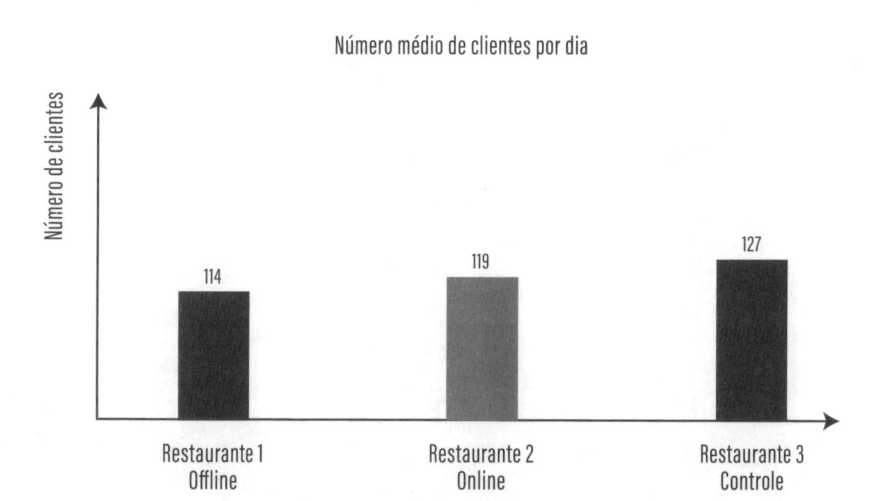

Os resultados parecem claros e indiscutíveis. Nenhum dos dois tipos de anúncio contribuiu para aumentar sensivelmente o número de clientes na comparação com os resultados do restaurante 3 (grupo de controle). Mas Louis logo se dá conta do seu erro: ele está comparando o número de clientes totais de seus restaurantes em valores absolutos. O problema com essa abordagem de análise é que o restaurante 3 é maior e sempre traz mais clientes que os outros dois. Embora similares, os três restaurantes não são idênticos, e isso influencia nos resultados. O que Louis deve observar para identificar os efeitos dos anúncios é a variação percentual do número de clientes em cada restaurante durante o período no qual o teste foi realizado. Isso dará uma visão muito mais precisa do impacto da publicidade. Os resultados agora mudam completamente (Figura 7.2).

Figura 7.2 - Evolução relativa no número de clientes antes e depois do teste

Evolução no número de clientes antes e depois do teste

Número de clientes

38%

8%

5%

Restaurante 1
Offline

Restaurante 2
Online

Restaurante 3
Controle

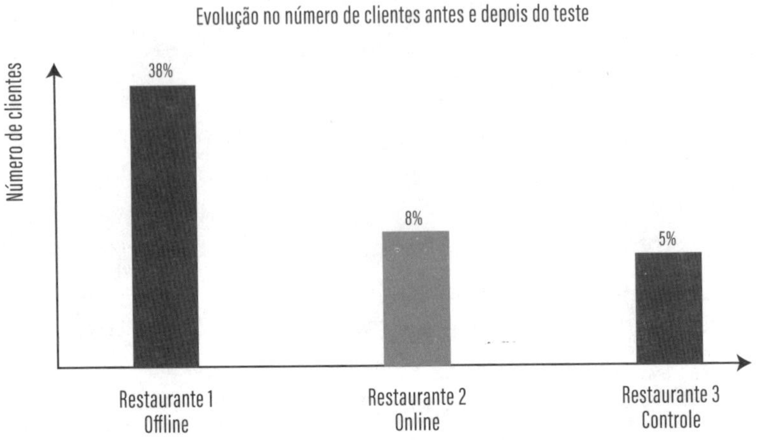

Os resultados surpreendem Louis. O anúncio que claramente funcionou melhor foi o panfleto distribuído nas ruas, disparado à frente do aplicativo Waze. Este último, aliás, teve um impacto muito baixo, mesmo na comparação com o grupo de controle (restaurante 3), para o qual não foi feita nenhuma publicidade. A variação observada no restaurante de controle (sem nenhuma publicidade) foi de 5%, e de apenas 3 pontos a mais (8%) no restaurante que testou a publicidade online no Waze. Louis não podia acreditar. Ele sempre imaginou que a publicidade online teria o impacto mais elevado entre todas as outras alternativas. Talvez ele esteja vivenciando um viés tecnológico. Como é aficionado por todo tipo de aplicativo, ele tinha certeza de que os clientes estariam muito mais sensíveis à publicidade desse tipo do que ao bom e velho método de distribuir panfletos nas ruas. Ele está ainda mais feliz de ter realizado o teste e não ter posto dinheiro em uma publicidade com resultados medíocres somente porque ele "achava" que ela seria a melhor.

A experiência de Louis nos mostra até que ponto confiar apenas na nossa intuição ou na nossa experiência pessoal pode provocar decisões ruins. Utilizar os dados produzidos pelos testes é hoje indispensável para tomar decisões mais eficazes. Os resultados questionam e provocam Louis. De agora em diante, ele diz a si mesmo que usará mais o T&L, e por enquanto vai aplicar a distribuição de panfletos aos três restaurantes, ainda que, pessoalmente, ache o método antiquado.

PRINCÍPIOS DA ANÁLISE DE RESULTADOS

Como vimos no exemplo de Louis, o princípio básico da análise de resultados consiste em comparar os resultados obtidos no grupo experimental com os do grupo de controle. O resultado será sempre a medida do(s) indicador(es) identificado(s) na problemática definida para o T&L.

O grupo experimental pode algumas vezes ser composto por vários subgrupos, como no exemplo de Louis, em que dois restaurantes receberam intervenções diferentes (uma publicidade offline e outra online).

É possível ainda levar em conta vários indicadores ou variáveis dependentes, o que aumenta potencialmente as possibilidades de aprendizado oferecidas pelo teste. Por exemplo, além da quantidade de clientes nos restaurantes, Louis poderia ter medido o ticket médio pedido pelos clientes, o número de cupons de desconto utilizados, a satisfação dos clientes ou a intenção de recomendar o restaurante a pessoas próximas (Net Promoter Score©), entre outras. Há sempre um equilíbrio que deve ser encontrado entre a busca de diversas variáveis dependentes (indicadores e KPIs) que se deseja medir e a dificuldade de coletar de maneira confiável os dados necessários para obter todas essas medidas durante o teste (ou a complexidade do teste a executar). Isso deve ser levado em consideração a partir do início do projeto, durante a formulação da problemática.

A análise costuma, de forma geral, consistir em comparar a média do KPI do grupo experimental com a média do KPI do grupo de controle. Em condições mais simples, a comparação fornece o resultado final, e o teste para por aí.

No entanto, em certas ocasiões, pode ser importante extrapolar o resultado obtido no teste com uma amostra limitada ao conjunto de toda a população. É esse o caso muitas vezes nas grandes organizações, que desejam saber se há uma probabilidade razoável de o resultado do teste se reproduzir se ele fosse aplicado para todo o universo da população. É aí que intervêm os métodos estatísticos.

Vamos usar o exemplo de Louis. Vamos imaginar para esse exemplo que Louis tenha não só três restaurantes, mas uma grande rede de restaurantes nos Estados Unidos. Sua rede tem mais de 3.000 unidades, e ele decidiu aplicar o teste de publicidade em 10% de seu parque, ou seja, 300 restaurantes. Essa amostra será repartida em três grupos: um terço será testado com publicidade offline, um terço com publicidade online, e um terço não terá nenhuma publicidade (ou seja, 100 restaurantes em cada grupo). De posse dos resultados finais obtidos depois do teste nesses 300 restaurantes, Louis desejaria saber agora se as diferenças constatadas nos anúncios promocionais seriam reproduzidas igualmente em toda a sua população de 3.000 restaurantes. É aí que entra em jogo a estatística, em especial com os testes de diferença de média (como o teste t de Student). Não é o nosso objetivo neste livro explicar com detalhes o funcionamento desses testes, já que existe uma literatura muito grande sobre o assunto e facilmente acessível para os leitores mais curiosos e interessados. Esses testes são descritos em vários trabalhos, inclusive na internet[32]. Com um pouco de prática, alguns deles podem ser realizados de forma simples com uma planilha do Excel ou Google Sheet.

32. Um exemplo de material pode ser encontrado em http://www.sthda.com/french/wiki/test-de-student-est-il-toujours-correct-de-comparer-des-moyennes, ou neste tutorial: https://www.youtube.com/watch?v=CtlElvKQFEQ.

Outra abordagem para garantir que os resultados de um teste se confirmem em uma população maior consiste em implementar a solução escolhida e que tenha obtido os melhores resultados de maneira progressiva, passo a passo, sempre mantendo uma análise contínua dos resultados dos novos testes. Isso permite reduzir o risco de uma implementação global, pois, a cada etapa, verifica-se se os resultados se confirmam quando a solução é aplicada em um âmbito mais amplo. No cenário de uma implementação programada, é possível continuar a examinar os resultados em relação aos grupos que ainda não terão implementado a nova abordagem ou solução, adaptando, assim, as ações no contexto de um processo ágil. Por exemplo, em vez de implementar a solução nos 3.000 restaurantes da rede após a fase de teste, Louis poderia escolher dar início ao processo de maneira progressiva: primeiro, nos restaurantes de outra cidade; depois, nos restaurantes de outro estado, para verificar a cada etapa que os resultados se confirmam.

QUANTOS INDICADORES TESTAR?

O indicador central que justifica o procedimento de T&L está sempre identificado na problemática. No entanto, muitas vezes é recomendável acrescentar outros indicadores para complementar as análises e aprender mais.

Por exemplo, a direção de um grande banco decidiu aumentar a satisfação dos clientes por meio de um programa de treinamento para os consultores das agências, visando conscientizá-los sobre a importância da escuta ativa dos clientes durante suas visitas ao banco. Essa escuta ativa, aliada ao bom conhecimento dos produtos disponíveis do banco, aumentaria a satisfação dos clientes e a sua fidelidade. De fato, diversos estudos de mercado mostram que as agências cujos consultores sabem realizar a escuta ativa e que têm um excelente conhecimento dos produtos do banco geram taxas de engajamento mais altas e produzem uma satisfação do cliente 23% superior à das agências cujo pessoal não pratica a escuta ativa nem dispõe de conhecimento aprofundado sobre os diversos produtos oferecidos pelo banco. Essa taxa de satisfação explica a fidelidade do cliente ao seu banco e, em última instância, melhora a rentabilidade da instituição financeira.

O programa de treinamento foi pensado para responder aos dois objetivos (escuta ativa e conhecimento dos projetos) e para ser testado em um processo de T&L. O treinamento foi inicialmente ministrado aos consultores de trinta agências (grupo de teste), e outras trinta agências serviram de grupo de controle. As agências foram selecionadas de maneira a apresentar o máximo de características em comum – de maneira homogênea, com exceção do treinamento sobre a escuta ativa e o conhecimento dos produtos bancários, que foi disponibilizado às agências do grupo de teste, e não às agências do grupo de controle.

Dois indicadores foram definidos para o teste: a capacidade de escuta, medida todos os dias por pesquisas com os clientes das agências; e o conhecimentos sobre os produtos, medido por uma pontuação obtida em um teste interno no qual os colaboradores deveriam responder a perguntas sobre diferentes soluções bancárias existentes para cada demanda do cliente.

A capacidade de escuta do cliente é medida por uma pergunta, "Meu consultor realmente me escuta e entende minhas necessidades?", em uma escala de 0 a 5, em que 0 corresponde a "discordo totalmente" e 5 corresponde a "concordo totalmente". Dessa forma, quanto maior a nota obtida pelo consultor, maior a força percebida da escuta do cliente. A Figura 7.3 mostra os resultados da capacidade de escuta após quatro semanas e oito semanas de treinamento, e os compara com os do grupo de controle.

Figura 7.3 – Capacidade de escuta do cliente

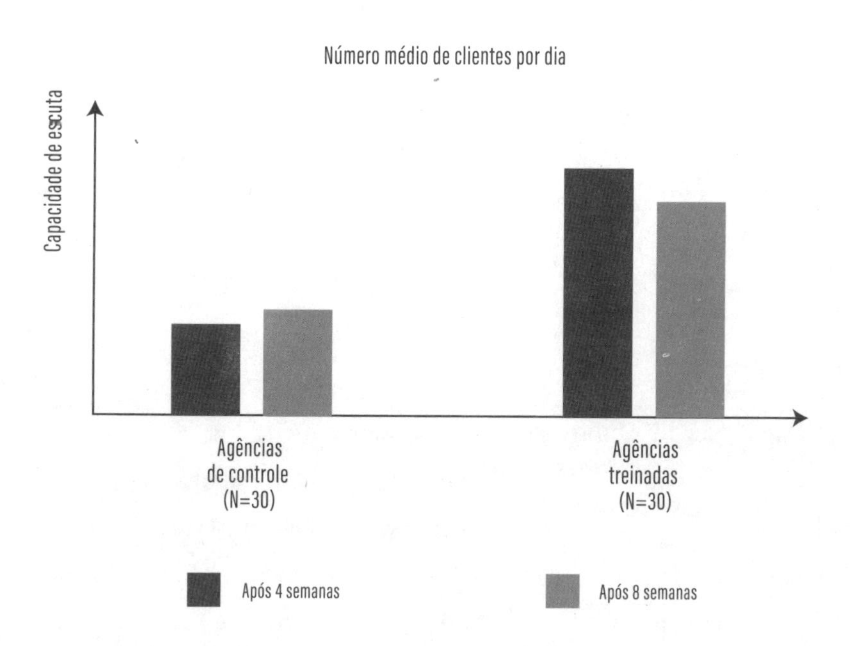

Os resultados mostram que o treinamento aumenta a capacidade de escuta do cliente nas agências onde os consultores foram treinados. Observamos também que, oito semanas após o treinamento, os resultados em termos de escuta do cliente continuam superiores aos das agências que não tiveram treinamento no mesmo período. Resultados positivos atribuíveis ao esforço de treinamento foram obtidos também sobre a segunda variável: o conhecimento dos produtos pelos consultores.

Por outro lado, o banco não aproveitou o teste para medir a satisfação dos clientes. Ora, o objetivo final de toda a operação é a satisfação do cliente. Seria possível então considerar que medir a satisfação do cliente teria sido redundante com a mensuração da capacidade de escuta do cliente? Não necessariamente. A satisfação do cliente depende de outros fatores de serviço além de apenas a capacidade de escuta dos consultores: o tempo de resposta às demandas de rotina, a amabilidade na recepção, o preço dos serviços, a continuidade do serviço de internet bank e sua facilidade de uso etc. Se os resultados desse indicador global tivessem ficado aquém da medida da escuta do cliente, estaria demonstrada ao banco a necessidade de realizar mais T&Ls sobre outros parâmetros que agissem sobre a satisfação do cliente. Certamente, o impacto do estudo seria maior para todas as partes envolvidas.

Em caso de dúvidas, e se não custar tempo ou dinheiro demais, é sempre aconselhável incluir mais medidas do que menos medidas durante um teste. Incluir uma variável dependente a mais, mesmo que eventualmente ela seja um pouco redundante, é certamente mais interessante do que descobrir *a posteriori* que essa variável poderia ter sido útil e que não dispomos dela porque não a medimos (a não ser que comecemos um novo T&L). No entanto, também não podemos medir tudo, porque, na ânsia de incluir variáveis dependentes diferentes, corremos o risco de perder de vista a própria razão de ser do T&L, além de torná-lo muito complicado. Mais uma vez, reforça-se aí a importância de definir bem a problemática do T&L e os KPIs a ela associados.

MEDIÇÕES MAIS DIFÍCEIS?

Em nossos exemplos, privilegiamos medidas quantitativas: número de clientes, margem bruta, número de cliques, ticket médio etc.

Em alguns testes, a variável dependente pode ser mais difícil ou sutil de se medir. Por exemplo, quando ela é de natureza qualitativa. A questão é sempre encontrar um método para "capturar" a informação qualitativa para então converter essa informação em um dado mensurável quantitativamente. Na maior parte do tempo, isso passa por uma pesquisa via perguntas diretas feitas ao consumidor em questões fechadas ou em escalas de pontuação: por exemplo, a medida da capacidade de escuta dos consultores, a satisfação do cliente segundo o Net Promoter Score®[33] etc. Isso acaba, é claro, aumentando a complexidade dos procedimentos do teste, e algumas vezes requer mesmo a ajuda de especialistas em pesquisa. Ainda que os resultados possam ser úteis e enriquecedores, essas dificuldades devem ser levadas em consideração para não tornarmos muito complexo o procedimento dos testes. De maneira geral, as respostas às pesquisas qualitativas são sempre tidas como menos confiáveis, por trazerem maior viés de interpretação das pessoas que vão ler os resultados do que as medidas dos indicadores quantitativos.

Outras medidas são, por vezes, muito mais complexas para serem obtidas. Por exemplo, uma grande empresa fabricante de equipamentos de saúde se associou a hospitais para ajudar a reduzir o estresse de crianças que sofriam de enfermidades graves durante a realização de exames médicos que utilizam os scanners de ressonância magnética. Quando as crianças sentem um nível elevado de estresse durante a realização desses exames, acabam retardando a rapidez de recuperação. Foi posto em prática um procedimento T&L para testar uma decoração específica da sala onde acontecia o exame, bem como um protocolo de "storytelling" do exame como se ele fosse uma aventura da qual a criança participaria. Uma das principais medidas do teste era uma pergunta sobre o nível de estresse da criança, com respostas a serem dadas na forma de emojis. Mas a equipe que executou o T&L também optou por recolher uma amostra de saliva para permitir a comparação entre as crianças que fizeram os exames nessa sala e seguiram o protocolo adaptado e aquelas do grupo de controle. O nível de cortisol presente na saliva das crianças dos dois grupos permite ter uma medida objetiva do nível de estresse, que se junta às respostas dadas pelas crianças aos questionários. A combinação

33. Net Promoter e NPS são marcas de serviço registradas, e Net Promoter Score e Net Promoter System são marcas de serviço da Bain & Company, Inc., Satmetrix Systems, Inc. e Fred Reichheld.

dessas duas medidas permitiu mostrar de maneira indiscutível os efeitos positivos da intervenção para ajudar as crianças com enfermidades a suportar melhor as sessões de exames com scanners de ressonância magnética às quais elas deveriam se submeter.

É possível utilizar no T&L respostas estritamente qualitativas, palavra por palavra? Somente em casos muito raros. As expressões qualitativas podem enriquecer e ilustrar os resultados, mas não permitem determinar se uma intervenção ou uma solução é melhor do que outra, o que de certa forma constitui um dos princípios de base do T&L. É recomendável, portanto, identificar uma variável que possa ser medida. Para ter certeza de que você identificou uma variável dependente mensurável, basta se fazer a pergunta: você consegue calcular a média dessa variável? Se sim, você tem aí uma variável quantitativa (por exemplo, as vendas do produto). Se não, vai ter que continuar pesquisando!

COMO AGIR COM SIMPLICIDADE E AUMENTAR O IMPACTO?

Os resultados de um T&L devem ser colocados em destaque dentro da empresa para aumentar seu impacto. A representação gráfica é uma das melhores maneiras de apresentar os resultados. As diversas categorias devem ser exibidas no eixo das abscissas (a linha horizontal do gráfico, ou o eixo x), ao passo que o indicador (KPI) será exibido no eixo das coordenadas (a linha vertical, ou o eixo y). Os valores de cada categoria são então representados em barras de histograma que sobem até o nível da média obtida por essa categoria. Todos os gráficos apresentados neste capítulo seguem essa estrutura.

Também é possível escrever a média acima de cada barra para destacar as diferenças numéricas entre as condições do teste. Da mesma forma, para dar mais impacto à apresentação, é recomendável usar uma animação em que a barra aumente da base ao topo, e mostrar primeiro os resultados do grupo de controle para só então revelar o resultado obtido pelo grupo experimental. Isso ajuda quem está apresentando a criar tensão e capturar a atenção ao mostrar os resultados do T&L.

Algumas vezes, os resultados das médias são pouco significativos. É importante destacar que isso, por si só, já é um resultado interessante: ele indica que a ação testada causa um efeito reduzido quando comparamos ao fato de não fazer nada (grupo de controle). Assim, a empresa aprende e pode programar uma ação totalmente diferente ou uma ação sensivelmente corrigida em um próximo teste. Se os dois anúncios de Louis tivessem obtido pontuações positivas, porém similares, isso significaria que era importante fazer publicidade, mas que a maneira de veicular essa publicidade (online ou fisicamente) teria pouca relevância. Se os resultados fossem similares entre o grupo de controle e os outros dois grupos experimentais, eles indicariam a Louis que os anúncios tiveram, definitivamente, pouco impacto sobre o número de clientes que vieram aos seus restaurantes, convidando o proprietário a buscar outras soluções para dinamizar seu empreendimento.

O QUE APRENDEMOS? RESULTADOS DO T&L DE NAJETTE

Recordando: Najette e sua equipe de comunicação testaram três formatos de e-mail para incentivar a alta direção do grupo a tomar conhecimento das informações sobre alguns insights estratégicos: uma *newsletter* tradicional (e-mail 1), uma *newsletter* sem imagens (e-mail 2) e um e-mail em formato simples sem diagramação especial nem imagens (e-mail 3). A equipe havia formulado a hipótese de que o formato da *newsletter* tradicional (e-mail 1) geraria a taxa mais elevada de abertura dos e-mails e de cliques pelos líderes da empresa. Vários membros da equipe chegaram a apostar entre si, o que deixou o processo bem divertido. Najette, que era a líder dessa equipe, engrossava o coro dos mais convencidos do provável triunfo da solução 1. Suas convicções profissionais eram tão arraigadas que de início ela julgava inútil conduzir um teste sobre o tema. Foi sua equipe que a convenceu de recorrer ao teste, além do fato de que a direção da empresa tinha lançado várias iniciativas para favorecer os testes e criar uma cultura do T&L na organização.

Figura 7.4 – Taxa de abertura dos e-mails

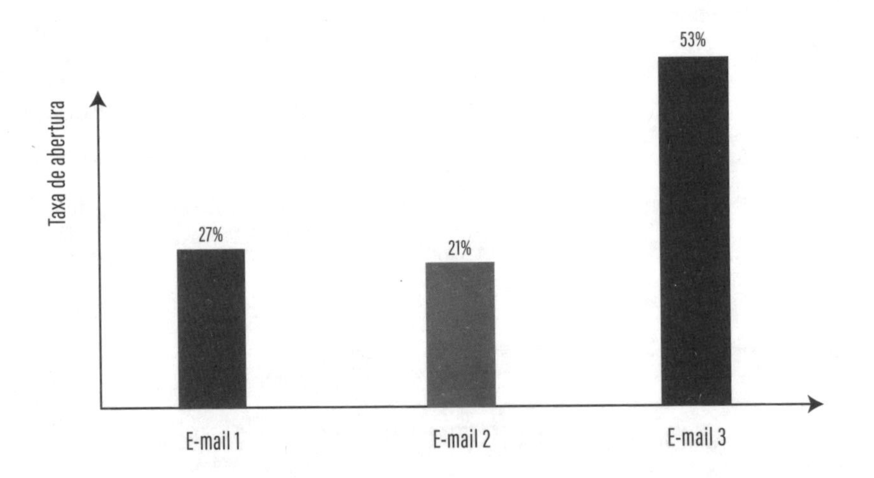

Os resultados deixaram a equipe sem voz: foi a versão de e-mail simples que gerou a taxa de abertura mais alta, mais do que o dobro das outras duas alternativas, revelando, assim, a preferência da alta administração da empresa por uma comunicação simples e direta, sem excessos de sofisticação.

Durante a reunião de apresentação do relatório com a equipe, Najette voltou a falar de sua convicção inicial e do risco de tomar decisões erradas ao se recusar a pôr à prova suas certezas profissionais. Isso a leva a refletir com sua equipe sobre a abertura à mudança de postura dos líderes e especialistas propiciada pela difusão dos testes. Muitas vezes, no passado, a afirmação pelo chefe de sua convicção era tida como expressão de sua competência e capacidade de liderança; ela gerava confiança e trazia a adesão das equipes.

Atualmente, o líder será seguido se souber dar prova de humildade e reconhecer a presença da dúvida. Independentemente de suas experiências ou convicções anteriores, ele deverá ter condições de se submeter ao crivo dos fatos para melhorar a qualidade de suas decisões. Isso pode, é claro, fazer mal ao ego e questionar fortemente posições adquiridas ou feudos. Somente os dados, como aqueles provenientes de um T&L bem conduzido, podem realmente validar ou invalidar as intuições dos líderes em nossas empresas. No futuro, os colaboradores vão preferir seguir líderes capazes de documentar sua linha de raciocínio com dados em vez de confiar apenas na própria intuição, ainda que baseada em larga experiência. E é nesse ponto que a promoção do espírito T&L apresenta um grande poder transformador para as organizações.

CAPÍTULO 8

VALORIZAR O "LEARN" DO T&L

"O Test & Learn é uma ferramenta primordial para inovar coletivamente!"

Marie-Hélène Morvan, diretora-adjunta de projetos transversais de RSE e Meio Ambiente, Air France

Há, atualmente, em nossas empresas, muito *test* e pouco *learn*. A ação de capitalizar e difundir os aprendizados obtidos com o T&L é um eixo-chave da melhoria dos processos, e provavelmente um dos menos trabalhados em todas as empresas até hoje.

Porém, como já mencionamos, trata-se de um ponto crucial. O T&L deve, imperativamente, se converter em uma abordagem global de capitalização dos conhecimentos que permitam que uma organização seja mais capacitada para aprender rapidamente e se adaptar de forma mais eficaz às mudanças em seu meio ambiente. Sem isso, seus benefícios são, em grande parte, perdidos, e são maiores os riscos de multiplicação de testes similares, o que levaria, de forma inexorável, a um desperdício considerável de recursos.

DESENVOLVENDO UMA CULTURA DE DOCUMENTAÇÃO

Vamos ousar traçar um paralelo com o trabalho à distância da forma que foi testado durante o período de confinamento associado à pandemia de covid-19. O trabalho à distância fez surgir a necessidade de melhor documentar e compartilhar o conjunto dos processos e procedimentos da empresa para que se pudesse trabalhar de forma assíncrona dentro das equipes e entre equipes.

De maneira geral, o fato de documentar os processos apresenta numerosas vantagens: limitar as interrupções causadas pelas perguntas incessantes sobre aspectos metodológicos da organização; evitar perder tempo e energia repetindo as mesmas coisas; evitar as conclusões aproximadas ou mal-entendidos que a transmissão oral pode ocasionar; facilitar a integração dos novos empregados que precisam aprender onde buscar a informação; transmitir o conhecimento tácito entre as gerações de colaboradores, tornando-o explícito; entre outras. Além disso, a existência de uma documentação favorece igualmente uma cultura mais responsabilizadora da autoformação: cada um deve tomar a iniciativa de ir buscar a informação e dela se apropriar, sem esperar que ela chegue de mãos beijadas e sem depender internamente de colegas ou gestores para obtê-las.

Foi nessa oportunidade que surgiu novamente o interesse de um conceito muito na moda nos anos 1990, e do qual se fala menos atualmente: a *Gestão do Conhecimento* (*Knowledge Management*), ou o sistema de gestão dos conhecimentos da organização. De maneira bastante paradoxal, o acúmulo de uma quantidade considerável de informações (pela web, redes sociais da empresa, ferramentas de armazenamento e compartilhamento etc.) e a possibilidade de poder buscar essas informações e tratá-las com sistemas muito potentes deixaram em segundo plano a questão da gestão do conhecimento. No entanto, o tema é bem diferente: um conhecimento é muito mais que uma informação. É possível ter um sistema de gestão de dados ou de informação e desenvolver muito pouco conhecimento. O conhecimento corresponde à apropriação e à interpretação das informações por seres humanos. Para passar de um dado a uma informação e, enfim, a um conhecimento, é preciso efetuar um tratamento cognitivo que é distinto em cada uma das etapas. O conhecimento é um "objeto" mais humano, subjetivo e frequentemente tácito do que uma informação pode ser. Por isso, o conhecimento organizacional deve ser formalizado para ser utilizável facilmente para fins operacionais. A reutilização do conhecimento já disponível é um dos objetivos da gestão do conhecimento.

A ideia de melhorar a documentação dos conhecimentos de uma empresa tem seus difamadores e defensores. Os difamadores entendem que isso faz a empresa perder tempo, e que essa forma de documentação costuma ser difícil de ser localizada por parte dos colaboradores, ficando adormecida e não sendo utilizada, no fim das contas. Os defensores, alguns dos quais utilizam de forma sistemática o trabalho remoto (como a GitLab no Vale do Silício, ou a DOIST em Portugal), pensam, pelo contrário, que se trata de uma condição essencial para o trabalho à distância, mas também *para o trabalho como um todo*. De fato, a presença de uma documentação é uma das condições para a autonomia do (e no) trabalho. Em uma pesquisa conduzida ao final do primeiro confinamento com 6.000 empregados da Renault em diversos países onde o grupo está presente, o "acesso à informação" aparece em primeiro lugar entre os "elementos mais importante para se trabalhar à distância de maneira prática e eficaz"[34].

34. Suzy Canivenc, Marie-Laure Cahier, *Le travail à distance dessine-t-il le futur du travail?*, Les Notes de La Fabrique, Chaire Futurs de l'industrie et du travail, Presses des Mines, junho 2021.

Se a documentação parece fazer perder tempo no curto prazo, ela representa um ganho de tempo no longo prazo e promove uma cultura responsabilizadora de participação (já que todos estão incumbidos de alimentá-la) e de auto(in)formação, que consiste em buscar ativamente a informação em lugar de se apoiar passivamente nos colegas ou superiores hierárquicos.

A liderança da empresa desempenha um papel-chave para desenvolver essas novas práticas de documentação. Para que estas possam se ancorar, ela deve valorizar, nos colaboradores, as tarefas de formalização dos conhecimentos, atribuir tempo para essas tarefas, participar dando o exemplo e dar reconhecimento a todos os colaboradores que participam desse processo. A liderança deve ainda construir uma metodologia clara, unificada e estruturada para tornar acessíveis e legíveis as informações agregadas. Essa capacidade de formalização também precisa se basear no desenvolvimento de novas habilidades de comunicação para que seja ao mesmo tempo precisa e concisa. Da mesma forma que o *press release* de Jeff Bezos, que trouxemos no Capítulo 5, é utilizado para apresentar um projeto de experimento ou qualquer ideia nova na Amazon, será necessário definir um formato na sua empresa para documentar todos os experimentos realizados, tenham eles obtido resultados positivos ou não.

Enfim, será muitas vezes necessário dispor de uma infraestrutura tecnológica única e divulgar sua existência, para que as pessoas saibam onde buscar essa informação e também se sintam inclinadas a compartilhá-la diretamente. Afinal, se a informação é um estoque, o conhecimento é um fluxo.

Todos esses "tijolinhos" vão colaborar para promover e valorizar a cultura do T&L na empresa de acordo com a seguinte sequência:

1. Documentar o experimento segundo um formato predeterminado que permita a comparação entre os experimentos (os *user cases*).
2. Criar uma biblioteca interna de casos e identificá-los por tema e função, para torná-los facilmente acessíveis por todos dentro da organização.
3. Tornar conhecida na empresa a existência da base de casos de T&L.
4. Valorizar aqueles que fizeram o experimento e a documentação desse experimento, independentemente dos resultados obtidos no teste.
5. Incentivar o compartilhamento nas redes sociais da empresa de cada T&L realizado, para incentivar outros colegas a tomarem a mesma iniciativa.
6. Integrar os ensinamentos de T&L relevantes aos respectivos programas de treinamento.

CONSTRUINDO UMA BASE DE CASOS DE T&L

Mesmo as empresas bem avançadas na documentação dos testes, como a BlaBlaCar (Capítulo 3), confessam que não estão necessariamente maduras quando o assunto é como compartilhar adequadamente os resultados dos testes em âmbito interno. As equipes têm o hábito de documentar os próprios experimentos, mas estes permanecem em seus silos e não vão irrigar outros departamentos ou outras unidades de negócio da companhia. Parece útil então pensar na construção de uma "biblioteca" única e centralizada, composta por esses casos, na qual cada um poderá ter acesso a todos os experimentos realizados na organização.

Uma biblioteca de casos de T&L pode ser baseada em texto ou em vídeo, de acordo com a cultura da empresa. A recente democratização do vídeo e a facilidade que os colaboradores têm para se comportarem como youtubers e produzirem seus próprios vídeos tornam esse formato bem adaptável e mais dinâmico do que uma documentação escrita – que lembra muitas vezes os tempos de escola ou faculdade. Dito isso, assim como em um caso por escrito, a estrutura comum dos vídeos deverá ser definida antecipadamente a fim de permitir o compartilhamento das informações-chave do projeto, permanecendo, ao mesmo tempo, breve, simples e direta. Dessa forma, uma estrutura que apresenta o problema/solução/resultado poderia ser abordada, em média, em dois minutos.

Para as empresas que escolheram adotar uma abordagem do tipo *press release*, como aquela elaborada pela Amazon no momento da definição da problemática (ver Capítulo 5), esse mesmo documento poderá ser revisto ao final do experimento para ser atualizado com os resultados reais do teste e em seguida catalogado e indexado em uma base comum, com palavras-chave para facilitar a identificação em pesquisas futuras.

Combinar o formato de vídeo com uma versão escrita do caso incentivará o máximo de consultas de acordo com a modalidade de preferência dos indivíduos.

Nessa base, os colaboradores seriam convidados a pôr na rede tanto os testes bem-sucedidos quanto aqueles que não tiveram resultados satisfatórios. Para os primeiros, trata-se de divulgar o processo de T&L e compartilhar os resultados do próprio teste. No caso dos últimos, trata-se de valorizar a essência do T&L: mostrar que o fracasso é aceitável na organização, que é possível tirar partido dele e que um novo teste já está a caminho. A ideia é evitar também que outros colaboradores em outras áreas estejam preparando um teste similar, levando, assim à perda de tempo e de recursos da organização.

Enfim, não se pode esquecer que certos testes podem ser úteis ao ecossistema da empresa (clientes, fornecedores ou outros parceiros).

Em uma lógica de empresa ampliada, não há motivo para não os compartilhar com o ambiente externo. Isso possibilita que a cadeia de valor como um todo aproveite os aprendizados, permitindo, *no fim das contas*, que a empresa gere vantagens competitivas significativas. Por exemplo, quando uma empresa do ramo farmacêutico compartilha o aprendizado obtido por um T&L sobre sua cadeia logística com seus parceiros, estes podem ganhar competitividade ao integrarem certos elementos relevantes às próprias práticas, o que, por sua vez, pode retornar à indústria na forma de redução de preços por parte desses parceiros.

Outros métodos similares são desenvolvidos em ecossistemas ampliados, como os *hackathons* patrocinados por diversas organizações para induzir novas soluções. Durante um evento dessa natureza, a organização propõe um assunto/problema específico e pede às equipes que encontrem novas soluções para essa questão. Essas equipes costumam ser formadas por pessoas da organização, mas também por outros indivíduos provenientes do ecossistema ampliado da empresa (startups, escolas etc.). Estruturados em ciclos curtos, os *hackathons* permitem imaginar novas soluções que poderão em seguida ser testadas em paralelo por diferentes empresas que participam da organização do evento. Dessa forma, o ecossistema inteiro colhe os benefícios que foram gerados por todos os atores envolvidos.

INTEGRAR O T&L NA FORMAÇÃO

Uma etapa complementar importante para capitalizar os conhecimentos consiste em integrar os conteúdos resultantes do T&L ao conjunto de formações existentes na empresa. De fato, os resultados dos testes não devem permanecer apenas na biblioteca de conhecimentos da organização, mas sim irrigar o conjunto de treinamentos ministrados. É assim que serão promovidos não apenas o resultado dos testes, mas também uma apropriação dos métodos necessários ao florescimento de uma cultura do T&L. Trata-se de uma etapa fundamental para avançar rumo a uma empresa que seja realmente voltada para o aprendizado e, assim, permitir que um grande número de colaboradores se beneficie do aprendizado obtido com os inúmeros testes realizados na organização.

Por exemplo, imaginemos que, após os resultados do T&L de Maria, sua abordagem de comunicação sobre os benefícios para o cliente dos produtos com alto valor agregado passe a ser incluída no acervo de casos desse varejista internacional. As equipes responsáveis pelo treinamento devem então entender perfeitamente os detalhes desse teste e como ele foi realizado para poder integrá-lo nos treinamentos aos novos empregados do setor (treinamentos *onboarding*), para que todos conheçam exatamente essa abordagem que gera valor para a organização. Caso contrário, esse conhecimento corre o risco de não se espalhar em um ritmo adequado dentro da organização, ou mesmo, no pior dos casos, de acabar sendo esquecido e não mais utilizado, se a biblioteca de casos não existir ou não for consultada regularmente.

Outra grande vantagem obtida ao se difundir os resultados dos testes em todos os treinamentos da organização é o desenvolvimento de uma forte cultura de T&L. Se o novo chefe de departamento houver passado por um treinamento de integração cujo instrutor tiver falado do T&L de Maria e sua equipe e do impacto gerado por esse teste, é bem provável que esse novo chefe também se sinta estimulado a propor T&Ls quando estiver no seu cargo. A mensagem enviada é muito poderosa, bem mais do que se o método tivesse simplesmente sido exposto a ele por um consultor sem vivência direta com a empresa. Integrar os resultados dos testes T&L em um formato do tipo "estudo de caso" no conjunto dos treinamentos da empresa tem um poderoso efeito multiplicador, por ser algo extremamente gratificante para as equipes de campo que executam os T&Ls diretamente.

Além disso, o uso massivo de reuniões online, em especial a partir da crise do coronavírus, fez surgir novos formatos de treinamento que podem, sem dúvida alguma, ser utilizados para a divulgação dos resultados dos testes no âmbito da organização. Muitas empresas lançaram webinars curtos promovendo as boas práticas internas identificadas na organização e que podem ser seguidas em outros setores. Esses webinars poderiam se basear na biblioteca de conhecimentos que agrupa o conjunto de T&Ls e divulgar os mais importantes ou significativos entre eles em função das prioridades de transformação da organização. Esses vídeos poderiam então ser utilizados para enriquecer as plataformas do tipo SGA (*sistema de gestão da aprendizagem*) em todas as unidades da organização, para as funções e atividades mais relevantes.

As equipes de engenharia pedagógica dos setores de treinamento têm, portanto, papel fundamental na integração dos resultados do T&L, principalmente nos grandes grupos empresariais. Por exemplo, parece ser necessário que a equipe de treinamento priorize os tipos de atividades que devem ser expostas aos resultados de um T&L específico. Os resultados do teste de Maria devem ser rapidamente integrados ao treinamento dos novos chefes de departamento, mas, obviamente, não aos treinamentos ministrados aos agentes de segurança ou aos colaboradores de recursos humanos. Esse "mapeamento" que permite vincular os resultados ao público para o qual esses resultados são mais relevantes é a chave para ampliar o impacto do T&L dentro da organização.

Nas grandes organizações que não contam com uma abordagem centralizada do T&L, há duas abordagens distintas que são possíveis: uma abordagem *de baixo para cima* e outra *de cima para baixo*. Na abordagem *de baixo para cima*, toma-se como base uma plataforma que permite que cada colaborador compartilhe o seu T&L. Ela oferece uma estrutura e um método para relatar essas ações de maneira sistemática e automatizada. Na abordagem *de cima para baixo*, a ideia é ajudar a organização a buscar as boas práticas ou os testes já existentes e realizados dentro da companhia, para integrá-los ao sistema de conhecimento da empresa. As duas abordagens são complementares, e cada uma apresenta vantagens e inconvenientes que devem ser levados em consideração e adaptados à realidade e à cultura da empresa que desejar implementá-las.

Na abordagem *de baixo para cima*, a empresa busca facilitar o surgimento dos T&Ls de maneira espontânea e automática. Ela organiza concursos ou desafios com os colaboradores, mas também plataformas que permitem compartilhar boas práticas, como aquelas propostas pela startup SpeachMe. Essa startup de origem francesa propõe uma plataforma colaborativa em que todos os funcionários podem importar vídeos curtos que ilustram uma boa prática ou um T&L realizado. A empresa fornece uma estrutura comum que ela deseja ver utilizada pelos seus colaboradores, por exemplo, a lógica Problema/Solução/Resultado que mencionamos anteriormente e que nos parece a mais bem adaptada para restituir de forma rápida e simples a abordagem do T&L. Mas sejam quais forem as novas soluções para favorecer as abordagens *de baixo para cima*, estas só podem realmente funcionar quando apoiadas por uma cultura organizacional de abertura e partilha. A plataforma ou tecnologia utilizadas são apenas um suporte e um facilitador da implantação dessa cultura. Em uma cultura que instiga a partilha no seio da empresa, os experimentos T&L não precisam necessariamente de uma plataforma exclusiva, e mesmo as redes sociais da empresa, como Facebook@Work, podem abrigar a biblioteca de T&L.

As abordagens *de cima para baixo*, que preveem a identificação dos T&Ls pelas equipes formativas, são mais complicadas de pôr em prática. Elas pressupõem o estabelecimento de critérios objetivos para identificar as boas práticas desenvolvidas pelos T&Ls no interior de certas equipes da organização. Esses critérios costumam estar ligados aos negócios, e devem permitir a identificação, no âmbito das equipes ou das unidades da empresa, das práticas que mais trazem valor para a organização. Um exemplo concreto dessa abordagem *de cima para baixo* foi implantado por um banco holandês que deseja identificar todas as iniciativas locais de suas agências capazes de aumentar a satisfação do cliente.

O banco começou identificando os desempenhos *extraordinários* em matéria de satisfação do cliente ao comparar o desempenho entre as diferentes agências bancárias. O banco identificou as dez unidades com melhor desempenho em satisfação do cliente ao longo dos últimos seis meses. Em seguida, entrevistou os responsáveis por esse desempenho, no caso, os gerentes das agências e alguns membros da equipe. O objetivo era identificar nessas agências a presença de ações ou contextos específicos que explicassem o seu desempenho. Descobriu-se que essas agências mantinham, de fato, toda sorte de ações específicas, como a disponibilização de uma máquina de café expresso para os clientes em uma delas, ou o número de telefone celular do gerente da agência, para que os clientes pudessem entrar em contato com ele o tempo todo, em caso de necessidade ou reclamação. Todas essas ideias surgiram diretamente pelas equipes do campo, e provavelmente não teriam chegado até a diretoria sem essa identificação *de cima para baixo*. Com isso, foi possível detectar áreas de excelência de melhoria contínua vindas da linha de frente que poderiam ser generalizadas e se tornar boas práticas. É dessa maneira que se constrói uma base de conhecimentos interna.

Uma vez que essas iniciativas são compreendidas, as entrevistas realizadas com os gerentes das agências se transformam em vídeos curtos que nutrem o treinamento dos novos gerentes de agências. Esses novos gerentes podem ver as iniciativas tomadas pelos colegas e integrá-las às suas práticas quando assumirem seus cargos. A ideia central é identificar e tornar vivas as melhores práticas desenvolvidas localmente no seio da empresa.

VALORIZAR AS EQUIPES DE EXPERIMENTADORES

Para implantar práticas de T&L e propagá-lo amplamente, é importante dar destaque às equipes que fizeram experimentos em suas áreas. Em grandes grupos, pode ser útil contar com o apoio das equipes de comunicação interna para produzir, por exemplo, vídeos curtos desses "heróis" do T&L e publicá-los nas redes sociais da empresa. Podem ser os mesmos vídeos feitos para a biblioteca de conhecimentos já mencionada ou outros mais focados nas pessoas e de caráter mais "promocional".

O T&L também pode ser promovido por meio de eventos do tipo "desafios", com entrega de prêmios, que permitem valorizar as equipes que assumirem riscos, mas também difundir as boas práticas no âmbito da organização. Essas práticas dão um claro recado a toda a organização a respeito da importância do processo de T&L e contribuem para difundir essa cultura dentro da empresa.

É preciso valorizar o processo de T&L, ainda que os resultados não necessariamente sejam "positivos". Lembre-se de que o objetivo é valorizar o aprendizado, não só as conquistas. Nesse sentido, é possível imaginar sessões como as *fuck up nights*, que mencionamos no Capítulo 3, tratando do reconhecimento a ser transmitido às equipes. O importante, aqui, é demonstrar que o processo é valorizado no nível mais alto da organização, e que as iniciativas tomadas dão visibilidade às pessoas envolvidas, independentemente dos resultados do teste que foi realizado.

Outro mecanismo de valorização importante é a formação. Uma indústria americana, por exemplo, leva as equipes que fizeram T&Ls até os programas de formação destinados aos executivos da organização para falarem de sua experiência com esse método. De acordo com o programa de treinamento, essa participação pode assumir diversas formas: depoimentos em um programa de treinamento sobre inovação, ou em um programa sobre liderança, no item "como colaborar melhor à distância" (uma equipe havia acabado de testar algumas maneiras de melhorar a inclusão dos colaboradores nas reuniões à distância). Essas iniciativas facilitam muito a difusão de uma cultura do T&L.

Entretanto, é importante notar que, além do enriquecimento pedagógico que representam esses depoimentos reais, vibrantes e concretos – surgidos na própria empresa –, eles ampliam também a visibilidade dessas equipes inovadoras à direção da organização, o que valoriza a difusão da cultura T&L.

Para as pequenas e médias empresas, é relativamente fácil promover a valorização das equipes, considerando o número menor de colaboradores. Ainda assim, não se deve subestimar o impacto de um testemunho de agradecimento simples e direto sobre o moral das tropas. Um reconhecimento simples, mas sincero, da parte do dono da empresa, de preferência em público, é capaz de fazer milagres. Apesar disso, são poucos ainda os donos de empresas, líderes, empreendedores ou gestores que cuidam desses aspectos-chave da motivação humana, principalmente por causa da rotina agitada e de outras preocupações diárias que fazem, por vezes, esquecermos a potência de um simples obrigado.

CONCLUSÃO

"Uma cultura do Test & Learn é a base para uma abordagem ágil de estratégia de negócios na qual (finalmente!) a elaboração e a execução da estratégia são reunidas em um processo contínuo."

Peter Zemsky, vice-reitor, INSEAD

Nossa viagem ao coração do T&L e de seu impacto potencial na vida das organizações vai chegando ao fim.

Vimos que o T&L é, ao mesmo tempo, uma cultura empresarial e uma metodologia de experimentação e aprendizado dentro da empresa.

Antes de mais nada, o T&L é uma cultura que permite à organização como um todo desenvolver uma mentalidade voltada para a melhoria contínua, o que favorece o desejo coletivo de inovar a serviço do cliente. Como mostramos neste livro, uma empresa T&L é uma organização que:

- garante a segurança psicológica e um clima favorável à tomada de riscos calculados por todos os seus funcionários;
- facilita a criatividade e a curiosidade de seus colaboradores;
- desenvolve um apetite pela inovação;

- comemora as iniciativas, independentemente dos resultados;
- favorece a aculturação a respeito dos *dados* e a gestão baseada em evidências em vez de crenças.

Esses cinco elementos representam os pontos-chave que sustentam uma cultura T&L destinada a aumentar a agilidade de uma organização. Eles formam as bases de toda organização que deseja desenvolver a cultura T&L. Trata-se, porém, de um processo de longo prazo, como, aliás, toda transformação cultural organizacional.

Mas o T&L também é um método. É um conjunto de ferramentas metodológicas que permite instigar a experimentação nas organizações, facilitando o envolvimento colaborativo de todos, ao mesmo tempo que reduz os riscos assumidos pela empresa. Essa metodologia de experimentação e de aprendizagem permite que colaboradores de todos os níveis executem o T&L de maneira rigorosa e profissional, o que traz maior confiança nos resultados obtidos. Essa confiança, por sua vez, reforça a cultura do T&L na organização, já que os colaboradores percebem o valor desse processo para fazerem seus projetos avançarem.

Apresentamos também neste trabalho vários exemplos de T&L em diferentes ramos de atividade (grandes varejistas, restaurantes, bancos) e diferentes funções da empresa (treinamento, marketing, comunicação etc.). Isso mostra a extensão das possibilidades de aplicação do T&L, seja no setor comercial ou não.

O T&L também pode ser aplicado em áreas que lidam com a responsabilidade social empresarial (RSE). Por exemplo, recentemente a Air France implantou um projeto de redução de resíduos em seus voos: esses resíduos são potencialmente recicláveis, mas, por falta de triagem, acabam, na maioria das vezes, no incinerador. Em vez de partir de um projeto global e complexo que deveria ser aprovado por vários estratos da empresa e exigiria investimentos enormes, a empresa decidiu trabalhar o problema em modo T&L. Alguns voos foram selecionados para participar de um experimento com ações de sensibilização no início do processo com a tripulação e os passageiros, mas também com parceiros envolvidos na cadeia de produção de resíduos (por exemplo, empresas de *catering* [refeições] que prestam serviços para a Air France) no início e no final do processo. As iniciativas foram testadas e comparadas em modo colaborativo, e somente na fase única do teste a empresa conseguiu reaproveitar mais de cinco toneladas de resíduos recicláveis. Demonstrou-se, então, que era possível fazer o processo de triagem, o que foi depois expandido dentro da empresa.

O T&L também se mostra cada vez mais útil no setor público. Por exemplo, recentemente, um projeto de lei voltado à proteção ao meio ambiente trazia um dispositivo relativo à redução do número de prospectos e propagandas impressas entregues gratuitamente nas caixas de correio, que geram um grande consumo de papel e, portanto, de energia, e muitas vezes vão parar diretamente na lixeira, aumentando o impacto ambiental negativo. A ideia do dispositivo era inverter o sistema existente em matéria de distribuição dessas propagandas impressas: hoje, os domicílios que não desejam receber essas propagandas informam com um adesivo "não aceito publicidade" colado na caixa de correio; amanhã, será proibida a distribuição dessas propagandas, com a exceção dos domicílios que informem expressamente que desejam receber por meio de um adesivo "aceito publicidade".

No entanto, o legislador tinha consciência de ignorar diversos fatores: o impacto dessa nova abordagem no setor, em termos de empregos e receitas; o impacto nos laços sociais com pequenos comerciantes, já que muitos desses folhetos eram anúncios de comércio ou serviço de vizinhança; enfim, o nível de adesão dos consumidores-cidadãos a essa nova abordagem. O legislador preferiu então promover um experimento do tipo T&L para medir os efeitos desse dispositivo antes de submetê-lo à validação nacional[35]. O interesse dos entes públicos nesse tipo de processo é bem oportuno, pois evita que sejam concebidas medidas de maneira geral e abstrata para depois se descobrir seus efeitos potencialmente contraprodutivos em diversos parâmetros não levados em consideração de forma adequada. Ao medir os impactos de um dispositivo, é possível corrigi-lo e aperfeiçoá-lo, ou mesmo descartá-lo, reduzindo, assim, o risco de um impacto negativo maior para a sociedade.

Os britânicos, tradicionalmente entusiastas desses métodos empíricos e pragmáticos, lançaram recentemente um teste para identificar, em meio aos métodos pedagógicos escolares utilizados em suas escolas públicas, quais seriam aqueles capazes de melhorar os resultados dos alunos em matemática e inglês. Foram testadas várias sugestões em diferentes escolas, selecionadas segundo um protocolo randomizado. Alguns dos métodos propostos não produziram nenhum efeito sobre os resultados dos alunos na comparação com outras escolas que não tiveram mudanças pedagógicas. Em contrapartida, outros métodos produziram efeitos significativos e foram estendidos ao conjunto das escolas e integrados aos cursos de formação de professores, melhorando de forma significativa todas as escolas públicas da Inglaterra.

Mesmo que o T&L esteja hoje bem difundido, ele ainda pode se desenvolver muito em diferentes setores de atividade ou tipos de organização. Segmentos inteiros de nossa sociedade poderiam se beneficiar de processos desse tipo, que favorecem a inovação coletiva e pertinente. Da educação nacional à saúde pública, da associação de bairro à empresa multinacional, todas as organizações podem progredir testando novas soluções, experimentando alternativas e verificando, com base nos fatos, quais são as mais adequadas.

---

35. Cf. https://www.ouest-france.fr/economie/consommation/prospectus-dans-la-boite-aux-lettres-le-stop-pub-va-t-il-etre-remplace-par-le-oui-pub-7186227.

A pandemia da Covid foi, por sua vez, reveladora da capacidade das empresas e organizações de buscar novas soluções, testar abordagens alternativas e descobrir novos modos de execução para seus clientes. Para uma cultura muitas vezes tida como avessa à mudança, a França demonstrou imensa capacidade de imaginação e de adaptação para encontrar alternativas diante da crise: os restaurantes passaram a fazer *delivery*; a indústria têxtil passou a fabricar máscaras; do dia para a noite, os colaboradores aprenderam a passar ao trabalho remoto. Essa energia criativa, liberada pela necessidade e pela urgência, pode ser mobilizada de maneira mais contínua, e não apenas em tempos de grande crise. As abordagens de T&L podem contribuir para tornar mais fácil essa inovação coletiva, canalizando-a para uma maior eficácia.

A viagem do T&L nunca termina de fato, pois se baseia nesta faculdade humana forte e inesgotável: a vontade de explorar, de inovar e de testar novas formas de resolver problemas para aprender sempre e continuar a melhorar a vida das pessoas. Testar, Aprender, Recomeçar!

BIBLIOGRAFIA

Bland D. J., Osterwalder A., *Testing Business Ideas*, Wiley, 2019.

Canivenc S., Cahier M.-L., *Le Travail à distance dessine-t-il le futur du travail ?*, Les Notes de La Fabrique, Chaire Futurs de l'industrie et du travail, Presses des Mines, junho 2021.

Davenport T. H., "How to Design Smart Business Experiments", *Harvard Business Review*, fevereiro 2009.

Edmondson A., *The Fearless Organization: Creating Psychological Safety in the Workplace for Learning, Innovation, and Growth,* Wiley, 2018.

Gallo A., "A Refresher on A/B Testing", *Harvard Business Review*, junho 28 2017.

Garvin D. A., "Building a Learning Organization", *Harvard Business Review*, julho-agosto 1993.

Kohavi R., Thomke S., "The Surprising Power of Online Experiments. Getting the most out of A/B and other controlled tests", *Harvard Business Review*, setembro-outubro 2017.

McKinsey Digital, "Creativity's bottom line: How winning companies turn creativity into business value and growth", junho 16, 2017.

Petitbon F., Bastianutti J., Montaner M., *Upskilling. Les 10 règles d'or des entreprises qui apprennent vite*, Dunod, 2020.

Schrage M., *The Innovator's Hypothesis. How Cheap Experiments Are Worth More than Good Ideas*, MIT Press, 2014.

Senge P., *La Cinquième discipline, levier des organisations apprenantes*, Eyrolles, 2015 (1ère édition, 1990).

Senn-Delaney Leadership Consulting Group, "Why fostering a growth mindset in organizations matters", Los Angeles, 2014.

AGRADECIMENTOS

Em sintonia com os princípios preconizados neste trabalho, múltiplas versões deste texto e das ideias que o compõem foram testadas com diversas pessoas com quem tive a oportunidade de conversar. As críticas e propostas construtivas que obtive me permitiram melhorar este livro continuamente. Recebam aqui a minha gratidão.

Inicialmente, gostaria de agradecer às equipes do círculo "Open Transformation", que reúne colegas diretores de transformação de grandes grupos ou entusiastas do assunto de aceleração e acompanhamento da transformação nas organizações. Esse grupo foi para mim uma fonte essencial de intercâmbios, permitindo que eu compartilhasse minhas ideias iniciais sobre T&L e as enriquecesse notadamente com exemplos concretos e inspiradores. Gostaria de agradecer em especial a Marie-Hélène Morvan, diretora-adjunta de projetos transversais de RSE e Meio Ambiente da Air France, bem como a Laurent Ponthou, vice-presidente de Gestão da Inovação e Transformação, pelo feedback e pelos comentários bem oportunos ao longo deste projeto.

Em seguida, quero agradecer a todos os meus colegas diretores de formação do clube de Universidades Corporativas, no qual compartilhamos boas práticas e buscamos, sempre em modo T&L, aperfeiçoar nossas competências coletivas, de nossas organizações e de nossa sociedade. Eles são para mim um exemplo de artífices do conhecimento, construtores de competências que trabalham sem cessar todos os dias para tornar as nossas empresas mais competitivas e dotá-las de um melhor desempenho graças aos treinamentos e programas de desenvolvimento que implementam.

Um agradecimento bem caloroso a Mehdi Balamissa, cineasta e empreendedor que me acompanhou desde o início do projeto deste livro. Com seus conselhos bastante oportunos, Mehdi me ajudou muito a realizar entrevistas com executivos e profissionais do T&L, bem como a consolidar alguns exemplos que permitiram ilustrar os conceitos deste livro. Graças à sua sagacidade e ao seu entusiasmo, Mehdi me ajudou a construir uma comunicação coerente para compartilhar as ideias do T&L com o maior número de pessoas. Sou muito grato a ele.

Gostaria também de agradecer a todos os meus colegas que praticam o T&L por todas as oportunidades de aprendizado que me ofereceram nas entrevistas, conversas, exemplos, revisões e feedbacks valiosos sobre o tema. Em especial, por ordem alfabética, a: Dana Allen, Navarun Bhattacharya, Frank Bournois, Simon Brown, Brice Challamel, Frank Albert Coates, André Fady, Anne Fenniger, Rémi Guyot, Anthony Hillion, Monica Huang, Christian Luginbühl, Delphine Manceau, Stéphane Maquaire, Jay Moore, Eloïc Peyrache, Owen Rogers, Anjani Shah, Matthew Smith, Chris Worley e Peter Zemsky. Meu muito obrigado!

Agradeço aos meus amigos da editora Citadel, pela flexibilidade, pelos conselhos oportunos, pelo profissionalismo ao longo da caminhada e, principalmente, pela abertura à inovação e ao T&L! Muito obrigado.

Um muito obrigado do fundo do meu coração à minha esposa, Lou, e ao meu filho, Arthur. Passei muito tempo nos fins de semana e nas férias trabalhando neste livro, e, apesar da minha ausência, vocês me apoiaram de todo o coração para que eu pudesse abraçar minha paixão pela inovação e pela escrita. Agradeço por me ajudarem a experimentar, testar e aprender sempre ao lado de vocês.